Helmut Ludwig · david livingstone stop
verschollen in afrika stop

HELMUT LUDWIG

david livingstone stop verschollen in afrika stop

EVANGELISCHER MISSIONSVERLAG
IM CHRISTLICHEN VERLAGSHAUS GMBH
STUTTGART

ABCteam

Bücher, die dieses Zeichen tragen, wollen die Botschaft von Jesus Christus in unserer Zeit glaubhaft bezeugen.

ABCteam-Bücher erscheinen in folgenden Verlagen:

Aussaat- und Schriftenmissions-Verlag Neukirchen
R. Brockhaus Verlag Wuppertal / Brunnen Verlag Gießen
Christliches Verlagshaus Stuttgart / Oncken Verlag Wuppertal

Bildnachweis: Historisches Archiv Handke, Berneck: Livingstone (Porträt), Viktoriafälle, Livingstone einen Fluß durchquerend, Stanley findet Livingstone. Archiv für Kunst und Geschichte, Berlin-Nikolassee: Rohrpfeifertanz bei Mondschein, Livingstone am Ngamisee, Ullstein, Berlin-Tempelhof: Sklaven im Hafen von Sansibar, Sklaven auf dem Weg zur Küste, Stanley (Porträt).

3. Auflage

früher erschienen im Verlag St. Johannis-Druckerei
C. Schweickhardt, Lahr-Dinglingen (Baden)
Umschlagfoto: Artreference/W. Bader, Unterensingen
Gesamtherstellung: Druckhaus West GmbH, Stuttgart
ISBN 3-7675-3294-8

Inhalt

Nach Afrika

David Livingstone war erst zehn Jahre alt, da begann für ihn der Ernst des Lebens. Am 1. April 1823 hatte er in aller Frühe sein Elternhaus verlassen, um seine Arbeit in der Spinnerei von Mister Dale zu beginnen.

David war stolz, in einer richtigen Fabrik beschäftigt zu werden. Zahlreiche neumodische Maschinen waren in der Fabrik aufgestellt und sicherten den Bewohnern des kleinen schottischen Ortes Blantyre bei Glasgow Verdienst und Auskommen.

Für den kleinen, schmächtigen David war es schwer, von 6 Uhr morgens bis abends 8 Uhr die Maschine zu bedienen und nur kurze Zeit zum Frühstück und Mittagessen zu haben. Die tägliche Arbeitszeit von fast vierzehn Stunden zehrte an den jugendlichen Kräften. Morgens vor fünf schlief David den tiefen Schlaf der Erschöpfung, wenn seine Mutter ihn wachrütteln wollte, damit er pünktlich in der Spinnerei Dale erschien. Herr Dale, der Chef, war nicht ungerecht zu seinen Leuten. Aber an den Maschinen konnte man es sich nicht leisten einzuschlafen, weil sie weiterliefen.

Man mußte froh sein, diese Stelle ausfindig gemacht zu haben. Zu Hause ging es ärmlich zu, denn Davids Vater war Hausierer. Nun sollte Davids Wochenlohn von vier Schillingen seinen Eltern ein wenig helfen, ihre fünf Kinder zu versorgen. Familie Livingstone bewohnte ein einziges Dachzimmer in einem dreistöckigen Haus für Fabrikarbeiter. So war David von klein auf an Entbehrungen gewöhnt.

David hatte nur eine Abendschule besucht, die von freundlichen Leuten für Kinder der Armen eingerichtet worden war. Dort unterrichtete ein alter abgedankter Soldat die Kinder in Lesen, Schreiben und Rechnen. Im Erdkundeunterricht war David ganz bei der Sache, und auch Naturkunde interessierte ihn brennend. So lernte er Pflanzen bestimmen und hörte von Tieren, die in seiner schottischen Heimat nicht vorkamen. Er erfuhr, daß es Menschen mit anderer Hautfarbe gab.

Nun wollte sich David weiterbilden. Er kaufte sich daher von einem Teil seines ersten Wochenlohns ein lateinisches Lehrbuch. Die kurze Abendzeit nach Fabrikschluß war ihm aber zuwenig zum Lernen. So kam er auf den Gedanken, sein Buch an der „Fleißigen Jenny", seiner Spinnmaschine, zu befestigen. Die Maschine spulte von Baumwollballen Garn ab. Der Hebel mußte von Zeit zu Zeit umgelegt werden, damit das Garn nicht über die Spule hinauslief. Dazwischen konnte David in seinem Buch lesen, ein lateinisches Wort oder gar einen ganzen Satz auswendig lernen, bis er nach einer knappen Minute wieder seine Maschine zu bedienen hatte.

Die Kameraden lachten anfangs über den „versponnenen Baumwollspinner". Es geschah auch, daß die im gleichen Fabriksaal beschäftigten Mädchen ihn neckten und sein Buch mit Webspulen bewarfen, so daß es herunterfiel. Aber dadurch ließ sich David weiter nicht stören. Er blieb dabei, soviel wie möglich zu lernen. So galt er in der Fabrik als eigenwilliger Sonderling, von dem niemand glaubte, daß er es im Leben noch einmal weit bringen würde.

Vom dreizehnten Lebensjahr an besuchte David von 8 bis 10 Uhr eine kostenlose Abendschule für Latein. Über den Hausaufgaben saß er dann oft bis Mitternacht oder noch später, „falls meine Mutter nicht schon vorher dazwischenfuhr, aufsprang und mir die Bücher aus den Händen riß".

Sein Vater hatte für die wissenschaftlichen Bücher seines Sohnes wenig übrig. Daß sich David damit beschäftigte, hielt er für bloße Zeitverschwendung. Der Junge sollte abends lieber früher zu Bett gehen, anstatt sich beim trüben Schein der blakenden Petroleumlampe die Augen zu verderben.

Davids Vater war ein gläubiger Mann. In den letzten zwanzig Jahren seines Lebens betätigte er sich noch neben seinem Beruf als Diakon. Von ihm lernte der Sohn beten. Die Mutter rackerte sich im Haushalt ab und wusch Wäsche für die Nachbarn. Sie fand wenig Zeit, sich um die Kinder zu kümmern.

Sonntags ging Familie Livingstone gemeinsam zum Gottesdienst. Danach wanderte David gern in seinem schottischen Heimatland. Er beobachtete Tiere und Pflanzen. Fand er Blumen oder Gräser, die er noch nicht kannte, nahm er sie mit nach Hause, um anhand von Büchern ihre Namen festzustellen.

Einmal wollte David mit seinem Bruder am Fluß Forellen angeln. Da biß ein großer Lachs an. Eigentlich war es verboten, Lachse zu fangen. Aber es tat ihnen leid, den schönen Fisch einfach wieder ins Wasser zu werfen. So steckten sie ihn in das lange Hosenbein seines Bruders Karl und gingen mühsam heimwärts. Dabei erregte der Junge nicht wenig Mitleid, der mit einem scheinbar schrecklich geschwollenen Bein durchs Dorf humpelte.

Mit achtzehn Jahren hatte David ausgelernt und

rückte zum Spinnereigehilfen auf. „Die Arbeit war außerordentlich schwer für einen schmalen, leichthändigen Burschen“, schrieb er einmal, „doch sie wurde gut bezahlt.“ Dadurch konnte er sich endlich die so lang ersehnten Bücher anschaffen, die er zu seiner Fortbildung haben wollte. Besonders Reisebeschreibungen hatten es ihm angetan. Damals war das Reisen noch ziemlich beschwerlich und langwierig, so daß wegen der Anstrengungen und Kosten nur wenige auf Reisen gehen konnten. Außerdem waren manche Länder der Erde noch gar nicht erforscht. So las David die Reiseerlebnisse mit Spannung wie Berichte aus einer anderen Welt.

In dieser Zeit begann er auch die Bibel zu lesen. Er erkannte, daß der Gott, der die Erde schuf und erhält, derselbe Gott ist, der sich in der Bibel als Retter der Menschen offenbart. David fühlte die Notwendigkeit, den Sohn Gottes im Glauben anzunehmen, und übergab Ihm sein Leben. Darüber schrieb er: „Der Wandel in meinem Wesen war so, als ob ein Farbenblinder plötzlich geheilt worden wäre. Die völlige Freiheit durch die Vergebung aller Sündenschuld erweckte in mir eine unbändige Liebe zu dem, der uns mit Seinem Blut erkauft hat, und eine tiefe Verpflichtung, Ihm zu dienen. In dem Licht der Liebe, das Christus uns schenkt, beschloß ich bald, mein Leben der Linderung des menschlichen Elends zu widmen.“ Er wollte Missionsarzt werden. Diese innere Berufung erlebte David Livingstone als Zwanzigjähriger.

Da las er in einem Aufruf des deutschen Chinamissionars Gützlaff, daß China dringend Missionsärzte braucht. Diesem Ruf wollte David folgen und sein Leben als Missionar und Arzt unter den Chinesen einsetzen. Aber dazu fehlte ihm noch etwas: die medizinische Ausbildung.

Vater Livingstone war für den Plan seines Sohnes, Medizin zu studieren, nicht zu gewinnen. Er dachte: „Reiche Leute können es sich leisten, ihre Jungen studieren zu lassen. Aber für David kommt das nicht in Frage." David hatte auch nicht die Absicht, die Dinge zu überstürzen. Zunächst wollte er sich die notwendigen Grundkenntnisse in der Abendschule verschaffen. Gleichzeitig sparte er für sein geplantes Studium, was er nur von seinem Verdienst erübrigen konnte. Da gab der Vater nach.

An einem kalten Herbstmorgen 1836 gingen Vater und Sohn durch den Schnee in das 13 Kilometer entfernte Glasgow. Dort mußten sie den ganzen Tag lang suchen, bis sie eine möglichst billige Unterkunft für David fanden. Und gleich am nächsten Morgen begann er mit dem Studium an der Universität. Seine Fächer waren Griechisch, Theologie, Chemie und Medizin. Bald wurden seine Professoren auf den begabten und vielseitig interessierten jungen Mann aufmerksam.

Nach dem Wintersemester arbeitete David wieder in der Spinnerei, um sich das Geld für das Sommersemester zu verdienen. Trotz aller Sparsamkeit brachte er den nötigen Betrag nicht zusammen. Da half ihm sein älterer Bruder und lieh ihm, was er noch brauchte.

Im August 1837 meldete sich David Livingstone bei der Londoner Missionsgesellschaft. Darauf wurde ihm ein Vordruck mit siebzehn Fragen gesandt. Lange mußte er auf Antwort warten. Endlich wurde ihm mitgeteilt, er möchte im August 1838 zur Aufnahmeprüfung nach London kommen. Diese bestand er. Die

Mission nahm ihn an und schickte ihn in den Probedienst zu einem Pfarrer nach Ongar, nicht weit von London.

Dort bewies David einmal seine Zähigkeit und Ausdauer, durch die er sich später als Afrikaforscher bewährte. Sein Bruder bat ihn, einiges Geschäftliche für ihn in London zu erledigen. So brach David an einem nebligen Novembermorgen um drei Uhr in Ongar auf.

Es dauerte nicht lange, da fiel er in der Dunkelheit in einen Graben. Von oben bis unten beschmutzt machte er sich wieder auf den Weg. Nach einem Marsch von über 40 km ging er in London von Geschäft zu Geschäft. Seine Müdigkeit wurde immer größer. Dennoch trat er am Spätnachmittag zu Fuß den Heimweg an.

Als er London hinter sich hatte, fand er eine Frau bewußtlos am Wege liegen. Sie war aus einem Wagen gefallen. Livingstone trug sie ins nächste Haus und untersuchte sie. Als er feststellte, daß nichts gebrochen war, ließ er zur weiteren Behandlung einen Arzt rufen und setzte den Heimweg fort.

Plötzlich entdeckte er, daß er in der Dunkelheit auf den falschen Weg geraten war. Vor Übermüdung hätte er sich auf der Stelle hinlegen und schlafen mögen. Aber er nahm seine ganze Kraft zusammen und tappte mit wunden Füßen weiter, bis er einen Wegweiser fand. Daran kletterte er hinauf und entzifferte im Sternenlicht, in welche Richtung er nun zu gehen hatte.

Um Mitternacht kam er blaß und todmüde in Ongar an. Fast 100 Kilometer hatte er an diesem Tag zurückgelegt. Sein Stubenkamerad brachte ihm

Milch und Brot und half ihm dann ins Bett, wo er im selben Augenblick einschlief.

Als Missionskandidat hatte Livingstone seine Predigten schriftlich abzufassen und auswendig zu lernen. Da erkrankte ein Pfarrer von einer Nachbargemeinde, und Livingstone sollte ihn im Morgengottesdienst vertreten. Seine Predigt hatte er gewissenhaft vorbereitet und ging am Sonntagmorgen in den Nachbarort. Der Gottesdienst begann. David stieg auf die Kanzel und verlas den Bibeltext. Dann wollte er anfangen zu predigen, aber sein Gedächtnis hatte ihn verlassen. Er brachte nur einen Satz heraus: „Freunde, ich habe alles vergessen, was ich sagen wollte", und verließ die Kanzel.

Vor der Missionsleitung konnte sein Pfarrer deshalb nicht nur günstig über ihn urteilen. In einer Sitzung entschied sie sich dann beinahe gegen Livingstone, wenn nicht ein einziges Mitglied für ihn eingetreten wäre. So wurde er nach London gerufen, um dort sein Medizinstudium zu beenden.

In dieser Zeit lernte Livingstone Robert Moffat kennen. Der war als Pioniermissionar Hunderte von Kilometern in das Innere Afrikas vorgedrungen und weilte gerade auf Heimaturlaub. Vor vielen Jahren hatte er als Gärtnergehilfe seine Laufbahn mit einem Missionskurs begonnen und wurde von der Londoner Mission nach Südafrika ausgesandt. Dort wirkte er unter den Hottentotten und gründete später in Kuruman unter den Betschuanen eine Missionsstation. Moffat erzählte: „Nördlich von meiner Missionsstation ist eine weite Ebene. Dort habe ich manchmal in der Morgensonne den Rauch von tausend Dörfern aufsteigen sehen, in die noch kein Missionar gekommen ist."

Da erkannte David Livingstone: Nicht nach China, nach Afrika wird mein Weg führen.

Mit Feuereifer betrieb er nun seine medizinischen Studien, so sehr war er von seinem neuen Ziel erfaßt. Es drängte ihn hinaus nach Afrika.

Da brach er durch Überarbeitung gesundheitlich zusammen. Man trug ihn auf ein Schiff Richtung Heimat. Sein Ende schien gekommen. Aber wie durch ein Wunder erholte er sich während der Seereise und dann zu Hause rasch und befand sich schon nach einem Monat wieder in London, angestrengt bei der Arbeit.

Einige Monate später, im November 1840, legte er in Glasgow die Doktorprüfung mit Erfolg ab und machte sich noch spät abends auf den Weg in seine Heimatstadt, um von den Seinen Abschied zu nehmen. Nur diese eine Nacht konnte er noch bei ihnen sein.

Am nächsten Morgen um 5 Uhr war die ganze Familie zum Frühstück beisammen. David las den 121. Psalm und betete. Nach dem Lebewohl begleitete der Vater ihn zu Fuß bis nach Glasgow an den Dampfer. Seinen Vater hat David in diesem Leben nicht wiedergesehen.

Wenige Tage danach wurde David Livingstone am 20. November 1840 in London als Missionar eingesegnet und zur Ausreise verabschiedet. Am 8. Dezember bestieg er das Segelschiff „Georg" mit dem Reiseziel: Kap der Guten Hoffnung.

Kampf mit Löwen

Am 14. März 1841 landete der junge Missionar bei Port Elisabeth an der Südküste Afrikas. Während der langen Seereise ließ er sich vom Kapitän des Schiffes in Sternkunde und Standortbestimmung auf hoher See unterrichten. Diese Kenntnisse wurden ihm bei seinen späteren Forschungsreisen unentbehrlich.

Kuruman, Moffats südafrikanische Missionsstation, lag nördlich des Oranjeflusses. Mit einem plumpen, schweren Karren und vier Paar Ochsen als Vorspann machte sich Livingstone auf die Reise dorthin. „Während ich den Oranjefluß überquerte, wurde mein Wagen umgeworfen", berichtet er. „Meine Ochsen gerieten in Unordnung, wobei die Köpfe der einen dahin gerieten, wo ihre Schwänze hätten sein sollen. Die anderen wurden unter ihrem Joch so ungebärdig, als ob sie Selbstmord verüben oder den Wagen umwerfen wollten. Dennoch gefällt mir das Reisen wirklich sehr gut." Dabei hatte Livingstone bis Kuruman rund 900 Kilometer in oft unwegsamem Gelände zu bewältigen und mußte bis in Höhen von 1000 Meter hinauf. Aber der junge Missionar ließ sich dadurch in der Freude am neuen Dienst nicht hindern.

So traf er nach zehn Wochen Fahrt einsatzbereit und mit innerer Spannkraft geladen in Kuruman ein, wo er von Missionar Moffat und dessen Familie herzlich begrüßt wurde. Moffat war nicht mehr der Jüngste und freute sich, einem jungen Freund und Bruder manche Neuerungen anzuvertrauen und alte Aufgaben zu übergeben.

Als Arzt gab es für Livingstone hier viel zu tun. Kurz nach seiner Ankunft sah er nach den Kranken der Station. Er verband Wunden, schiente Knochenbrüche, führte Operationen unter primitiven Umständen durch.

In Kuruman hatte der junge Missionar bald erkannt, daß christliche Verkündigung ein volles Ja zur Gleichberechtigung aller Menschen sagen muß, ganz gleich, welche Hautfarbe sie haben; denn vor Gott sind alle Menschen ohne Ansehen der Person gleich. Auch kulturelle Unterschiede können die Liebe Gottes nicht beeinflussen.

Trotz vieler Arbeit hielt es Livingstone nicht lange in Kuruman. Es drängte ihn nach Norden zu den tausend Dörfern, die noch nichts von Jesus gehört hatten. Mit einem jungen Missionar zusammen brach Livingstone schon nach wenigen Wochen auf. Unterwegs konnte er sich viel als Arzt betätigen. Seiner Schwester schrieb er: „Als wir etwa 240 Kilometer gereist waren, kamen wir in ein großes Dorf. Der Häuptling litt an kranken Augen. Ich behandelte ihn, und er speiste uns ziemlich gut mit Milch und Bohnen und schenkte mir einen stattlichen Bock."

Als Livingstone schon über 15 Kilometer weitergereist war, holte ihn bei einer Rast ein etwa elfjähriges Negermädchen ein und wollte hinter seinem Wagen her mit nach Kuruman gehen. Eine andere Familie hatte sich dieses Waisenkindes bemächtigt, um es später als Frau zu verkaufen. Da war die Kleine davongelaufen.

Nicht lange darauf begann das Mädchen herzbrechend zu schluchzen. Ein Mann mit einer Flinte war ihr nachgeschickt worden, um sie zurückzuholen.

Da sprang ein bekehrter Eingeborener, der Livingstone begleitete, dazwischen. Das Mädchen war mit Perlschnüren überladen, um es anziehender und preiswürdiger zu machen. Die nahm er ab, gab sie dem Mann und bat ihn wegzugehen. Danach ließ Livingstone die Kleine im Wagen verbergen, damit er sie sicher mit nach Kuruman bringen konnte. „Wenn auch fünfzig Mann gekommen wären, sie würden das Mädchen nicht bekommen haben."

In kurzer Zeit lernte Livingstone die Eingeborenensprache. Er wollte aber die afrikanischen Verhältnisse so gut wie möglich kennenlernen. Daher ging er nach drei Monaten wieder auf die Reise nach Norden, diesmal nur mit zwei schwarzen Christen. Sie erreichten Lepelole, ein Dorf der Bakwena oder „Volk des Krokodils". Dort lebte er ein halbes Jahr nur unter Eingeborenen. Dadurch wurde Livingstone mit den Gewohnheiten der Afrikaner vertraut und verschaffte sich eine gute Kenntnis ihrer Sprache und Denkart. Das war für seine Tätigkeit als Missionar und für seine späteren Afrikareisen von unschätzbarem Wert.

Gerade damals litten die Bakwena unter großem Wassermangel. Dem Medizinmann war es nicht gelungen, Regen herbeizuzaubern. Da sagte Livingstone, er könne Wasser herbringen, wenn auch nicht vom Himmel, so doch durch Bau eines Kanals vom nahe gelegenen Fluß her. Daran hatte niemand gedacht, und mit Eifer ging das ganze „Volk des Krokodils" an den Kanalbau, Livingstone, der Häuptling und der Medizinmann voran. Als Werkzeug hatten sie nur einen Spaten ohne Stiel und viele spitze

Stöcke. Aber der Kanal wurde nach einiger Zeit fertig, und das begehrte Wasser floß zum Dorf. Der Medizinmann war über das Kunststück seines weißen „Kollegen" nicht böse, sondern lachte von Herzen darüber. So gewann Livingstone Achtung und Zutrauen unter den Afrikanern.

Von hier aus machte Livingstone einen zwölftägigen Streifzug in die Kalahariwüste und kam zum Häuptling Sekomi. Dort waren die Löwen eine gefährliche Landplage. Der Missionar mußte mit eigenen Augen sehen, wie eine Frau in ihrem Garten von einem Löwen aufgefressen wurde. Das herzzerreißende Geschrei der Kinder dieser Frau ging ihm durch Mark und Bein.

Bevor Livingstone weiterzog, gab Häuptling Sekomi dem Missionsarzt noch eine schwere Aufgabe. Der Häuptling saß in tiefen Gedanken ihm gegenüber und sagte dann: „Du mußt mein Herz umändern. Gib mir Medizin, es zu verwandeln; denn es ist stolz, stolz und immer zornig."

Da nahm Livingstone sein Neues Testament und wollte wie Jesus zu Nikodemus von dem einzigen Weg reden, auf dem das Herz umgewandelt werden kann.

Aber Sekomi rief: „Nein, ich will es durch Medizin umgewandelt haben; denn es ist immer sehr stolz und beständig auf jemand böse." Da er keine Arznei hiergegen bekommen konnte, stand er auf und ging.

Auf seiner Weiterreise wurde Livingstone vor dem Stamm der Bakaa gewarnt. Diese hatten kurz zuvor einen durchreisenden europäischen Händler und seine drei eingeborenen Begleiter ermordet. Sie vergifteten drei von ihnen und erdrosselten den vierten. Aber

Livingstone ging furchtlos unter diese Leute, setzte sich in ihren Kreis, aß mit ihnen und legte sich danach schlafen, als hätte er nichts zu befürchten.

„Ich empfand mehr als gewöhnliche Freude", berichtet der Missionar, „zu diesen Mördern von dem kostbaren Blut zu reden, das von aller Sünde reinigt. Ich danke Gott, daß ich der erste Gnadenbote sein darf, der diese Gegenden betritt."

Livingstone wurde im Umgang mit den Schwarzen immer vertrauter und sicherer. Am Rand der Kalahari mußten sie lange Strecken zu Fuß bewältigen. Einige neue Träger marschierten mit, die nicht wußten, daß Livingstone ihre Sprache verstand. Da hörte er, wie einer zu einem anderen sagte: „Er ist nicht stark, er ist ganz schmächtig und scheint nur stark, weil er sich in diese Säcke (Hosen) gesteckt hat. Er wird bald ermüdet sein." Da ließ es Livingstone auf die Probe ankommen und bewies den schwarzen Gefährten seine Ausdauer.

Als sie das Gebiet eines anderen Stammes betraten, kamen plötzlich Schwarze mit Gewehren auf sie zu anstatt mit Speer, Pfeil und Bogen. Wie erstaunte Livingstone! „Diese erhalten sie von den Portugiesen", schrieb er, „und ich vermute, daß sie sie im Austausch für Sklaven bekommen." Damit war der Missionar zum erstenmal auf Spuren des grauenhaften Sklavenhandels gestoßen.

Schließlich traf Livingstone im Juni 1842 wieder in Kuruman ein. Mehr als 1600 Kilometer hatte er im Ochsenkarren und zu Fuß geschafft. Über allen Erlebnissen und gesammelten Erfahrungen aber war ihm eines groß geworden: „Das Evangelium hat noch nichts von seiner wunderbaren Kraft verloren."

Daneben konnte er als Arzt auf der Reise vielen

dienen. „Meine Praxis hier ist außerordentlich groß", teilte er einmal mit. „Gegenwärtig habe ich Patienten, die mehr als 200 Kilometer weit hergekommen sind, um sich von mir behandeln zu lassen. Viele sehr schlimme Fälle wurden vor mich gebracht, und manchmal war mein Wagen von Blinden, Hinkenden und Lahmen förmlich belagert. Welch ein gewaltiger Erfolg würde erzielt, wenn einer der siebzig Jünger hier wäre, um sie alle mit einem Wort zu heilen! – Übrigens sind sie ausgezeichnete Patienten. Da gibt es kein Gejammer. Bei einer Operation sitzen selbst die Frauen unbeweglich."

Aber auch als Forscher betätigte sich Livingstone. Er beobachtete die Tiere und bewunderte besonders die vielgestaltigen Arten der Vögel vom kleinen Kolibri bis zum übermannshohen schnellaufenden Strauß. „Einige der schönen Vögel des Innern versuchte ich zu präparieren. Allein die Hitze war so überaus groß, daß sie in einigen Stunden verfaulten."

In Kuruman wartete Livingstone auf Entscheid seiner Missionsleitung; denn er wollte weiter im Innern des Landes eine Missionsstation aufbauen. Inzwischen setzte er sich mit seinen vielseitigen Fähigkeiten in Kuruman ein. „Trotz all unserer Schwächen beweist das Wort Gottes seine Kraft. Beständig werden Seelen gewonnen und oft solche, von denen man nie erwartet hätte, daß sie sich zum Herrn kehren würden."

Doch bald trieb es ihn wieder auf die Reise, um da und dort im Lande als Missionar und Arzt zu helfen. Er schaffte sich einen Reitochsen an, weil er mit dem Ochsenwagen nicht überall weiterkam. Die Haut des Ochsen war beweglich. Außerdem konnte der Reiter von den langen Hörnern in den Leib gestoßen werden, wenn der Ochse seinen Kopf umwendete. So mußte Livingstone schnurgerade sitzen wie ein Dragoner. Trotzdem legte er auf diese Weise über 600 Kilometer zurück. Dabei erlebte er allerhand Abenteuer.

Einmal stürzte er unversehens. Er geriet mit seiner Hand in einen Felsspalt und zog sich einen doppelten Fingerbruch zu. Wenig später überfiel eines Nachts ein Löwe das Lager. Livingstone griff nach seinem Revolver und feuerte im Finstern auf die Bestie. Das Raubtier floh. Aber durch den Rückstoß der Waffe brach der Finger, der eben am Heilen war, aufs neue und blutete stark. Als die Afrikaner das Blut sahen, trösteten sie Livingstone: „Du hast dir weh getan, aber uns hast du gerettet."

Im Juni 1843 kam endlich der ersehnte Brief der Londoner Mission an. Wie freute sich der Pioniermissionar, tiefer in das heidnische Afrika vordringen und eine Missionsstation errichten zu dürfen! Schon Anfang August brach er mit einem anderen Missionar und drei weißen Großwildjägern auf nach Mabotsa, etwa 350 Kilometer nordöstlich Kuruman. Dort erwarb Livingstone von dem Häuptling der Bakhatla, „Volk des Affen", ein Stück Land für die Mission und baute sogleich eine große Hütte darauf. Bald konnten darin Kranke behandelt und operiert werden. Er rief auch die Kinder des Dorfes zusammen und gab ihnen Schulunterricht.

In den Nächten ertönte schreckliches Löwengebrüll, das in den umliegenden Bergen fast wie Donner widerhallte. Die Löwen hatten in dieser Gegend so überhand genommen, daß sie sogar am Tag in die Krale der Eingeborenen eindrangen und Kühe und Schafe raubten. Die Schwarzen hatten Angst, die

Löwen zu jagen, weil sie dachten, durch einen bösen Zauber wären diese Raubtiere so wild gegen sie.

Eines Tages fiel ein Löwenrudel über eine Schafherde her, die auf einem Hügel bei der Missionsstation weidete. Neun Schafe wurden zerrissen. Da ging Livingstone seinen Leuten voran gegen die Löwen vor. Durch sein Beispiel wollte er den verzagten Eingeborenen Mut machen.

Nach kurzer Pirsch entdeckten sie die Raubtiere auf einem kleinen Hügel. Dort hatten sie sich nach dem Raub gelagert. Die wenigen Schwarzen, die die Löwenjagd gewagt hatten, umzingelten die Anhöhe und näherten sich vorsichtig den Raubkatzen. Ein Löwe saß zuvorderst auf einem Felsblock. Mebalwe, der schwarze Schullehrer, ein treuer Helfer des Missionars, war auch mit einer Flinte bewaffnet. Er gab den ersten Schuß ab. Das gewaltige Tier sprang auf, durchbrach die Kette der schwarzen Jäger und entkam. Vor Angst hatten die Eingeborenen nicht einmal ihre Speere gegen den Räuber geworfen, wie sie es sonst taten.

Nun bemerkte Livingstone einen zweiten Löwen hinter einem Busch. Er nahte sich dem Tier unerschrocken auf etwa 25 Meter und schoß beide Läufe seiner Flinte auf die Raubkatze ab. Als er eine neue Kugel in seinen Vorderlader schob, stürzte der verwundete Löwe mit Gebrüll auf ihn, packte Livingstone an der Schulter und schüttelte ihn wie ein Hund eine Ratte. Dadurch wurde der Missionar fast betäubt. Trotzdem war er noch geistesgegenwärtig und drehte sich, um von der schweren Pranke loszukommen, die auf seinem Hinterkopf lastete. Da sah er, wie sich die funkelnden Augen des Löwen auf Mebalwe richteten.

Livingstone wird von einem verwundeten Löwen angefallen
(Nach einer Skizze von Livingstone)

Der Lehrer war bis auf zehn Meter herangekommen und wollte schießen, aber die Flinte versagte. Nun stürzte sich der Löwe auf Mebalwe und biß ihn ins Bein. Da ging ein Eingeborener mit dem Speer auf die rasende Bestie los. Er hatte Mut gefaßt; denn Livingstone rettete ihm früher einmal das Leben, als ein wütender Büffel ihn auf die Hörner nahm.

Auch diesen Mann packte der Löwe an der Schulter. Doch inzwischen hatten Livingstones Kugeln ihre Wirkung getan, und das gewaltige Raubtier brach tot zusammen. Die Schwarzen bezeugten, noch nie einen so großen Löwen gesehen zu haben. Sie zündeten ein mächtiges Feuer an und führten um das erlegte Tier bis in die Nacht hinein Freudentänze auf.

Doch Livingstones linker Arm war gebrochen und durch das scharfe Gebiß der Raubkatze an elf Stellen schwer verletzt. Hier mußte sich der Arzt selber helfen. Da ihm die nötige Ruhe fehlte, verheilte der Bruch nur unvollkommen. Zeit seines Lebens behielt der Missionar in diesem Arm eine Schwäche zurück und konnte ihn nur unter Schmerzen gebrauchen.

An seinen Vater schrieb Livingstone über diese folgenschwere Löwenjagd: „Dankbarkeit gegen Gott ist das einzige Gefühl, das wir in der Erinnerung an dieses Ereignis haben sollten."

In England wurde der Missionar später gefragt, was er gedacht habe, als er unter dem Löwen lag. Da antwortete er: „Ich überlegte, welchen Teil von mir der Löwe wohl zuerst fressen würde."

Im Sommer 1844 verlobte sich Livingstone mit Mary Moffat, der Tochter des bewährten Missionars, der ihm in London die Not Afrikas so brennend ans Herz legte. Zielbewußt ging er nun in Mabotsa an den Bau eines Hauses. Dabei mußte er das meiste selbst tun. An seine Braut schrieb er einmal: „Du mußt das schmutzige Papier entschuldigen. Meine Hände wollen sich nicht sauberwaschen lassen, nachdem ich den ganzen Tag im Mörtel herumgeschmiert habe."

Durch Livingstones erstaunliche Tatkraft und seine Geschicklichkeit in vielen Handwerken wurde das Haus noch im selben Jahr fertig. So heiratete er am 2. Januar 1845 und brachte seine junge Frau nach Mabotsa. Sie war in Afrika aufgewachsen und kannte das Leben auf vorgeschobener Missionsstation fern von Europa. Mit vereinten Kräften ging nun das junge Ehepaar an die Missionsarbeit. Neben der Verkündigung des Gotteswortes, dem Dienst an den Kranken und dem Schulunterricht hatten sie noch vielerlei Arbeiten in Haus und Garten. Livingstone meinte, er komme sich vor wie Robinson Crusoe. „Meine Frau ist Mädchen für alles, und ich pfusche in allen Handwerken herum." Ihre Butter machten sie selbst, und Kerzen und Seife stellten sie aus Fett und Pflanzenasche her.

Nach kurzer Zeit kam eine Einladung vom Bakwena-Häuptling Setschele nach Tschonuane, etwa 70 Kilometer nördlich von Mabotsa. Diesem Ruf folgte Livingstone und gründete in Tschonuane eine neue Missionsstation. Bald merkte er, daß der Umzug und der Bau des neuen Hauses mit allen Mühen nicht vergeblich war; denn Häuptling Setschele zeigte sich sehr aufgeschlossen für die Heilsbotschaft, wenn auch vorläufig nur als einziger seines Stammes.

Nun wollte der Häuptling, daß alle seine Bakwena Christen würden. Deshalb erbot er sich, seine Untergebenen mit Nashornpeitschen so lange auspeitschen zu lassen, bis sie einwilligten, Jesus Christus anzubeten. Es kostete dem Missionar viel Mühe, dem Häuptling klarzumachen, daß Christus nur freiwillige Gefolgsleute gebrauchen kann.

Als eine verheerende Trockenheit eintrat, riet Livingstone, nach Kolobeng zu ziehen, das an einem Fluß lag. So brachen die Bakwena mit ihrem Missionar auf und ließen sich an dem neuen Siedlungsplatz nieder. Dort baute Livingstone seine dritte Missionsstation.

Er hatte inzwischen zwei Kinder, Robert und Agnes. Und hier in Kolobeng kam im April 1849 der kleine Thomas dazu. Noch eine weitere Freude erlebte er. Drei Jahre lang hatte er Häuptling Setschele in der christlichen Glaubenslehre unterrichtet, und nun konnte er ihn taufen.

Livingstone war ganz von seiner Aufgabe erfüllt. Als Pioniermissionar wollte er immer weiter in die noch unerforschten Gebiete Innerafrikas vordringen und damit der Mission zur Verkündigung der Rettungsbotschaft neues Arbeitsfeld erschließen. Wie viele Menschen verschmachteten in der grauenhaften Finsternis des Heidentums! So klingt seine Frage wie ein Aufruf:

„Wer wird Afrika durchdringen?"

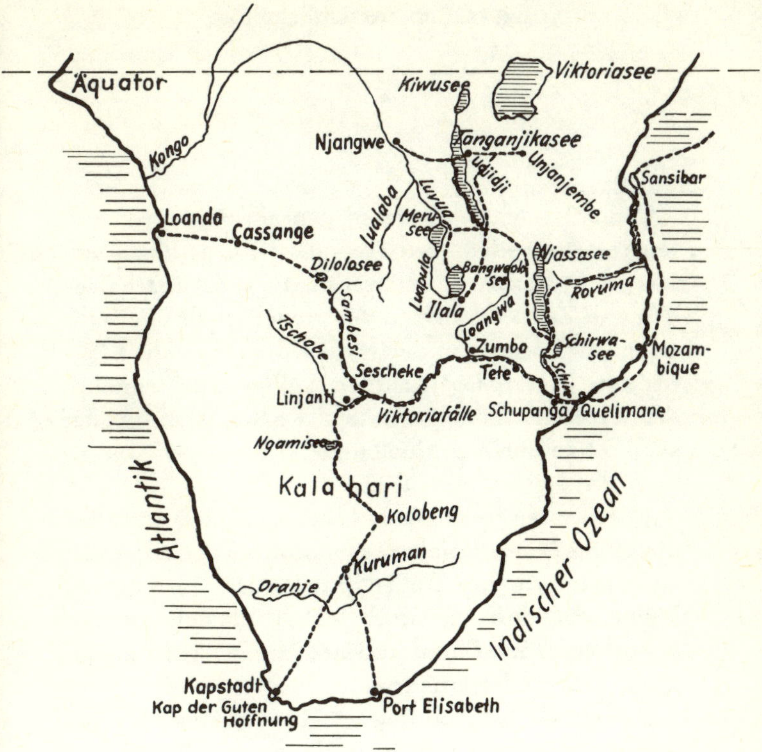

.... *Livingstones Reisen*

Expedition ins Unbekannte

Der Missionar saß oft an den abendlichen Lagerfeuern seiner schwarzen Freunde, erzählte ihnen von Jesus von Nazareth, der frei macht von Götzenglauben und Zauberbann und der größer ist als alle Jujus (magische Geister) und Tiergottheiten. Und die Männer am Lagerfeuer lauschten willig und freundlich den Worten des hilfsbereiten weißen Mannes, der sie nicht zu untergeordneten Arbeiten ankaufen, sondern ihr Freund sein wollte.

Unterdessen hatte David Livingstone erfahren, daß die große Wüste Kalahari gar nicht unbegrenzt wäre, daß man sie in großen Tagesritten durchqueren könne, daß dort Menschen lebten, Stämme auf der Kulturstufe der Steinzeitmenschen, die sich als Jäger und Sammler ernährten.

Zwar erklärte Häuptling Setschele, daß es für einen weißen Mann unmöglich wäre, durch die Kalahari nach Norden zu kommen. Aber Livingstone wollte selbst feststellen, ob er nicht doch durch die Kalahari gelangen konnte. Er hatte über die Missionsreisen des Apostels Paulus viel gelesen und dessen Arbeitsweise als Missionar genau verfolgt. Auch Paulus hielt sich nie sehr lange an einem Ort und in einer neugegründeten Gemeinde auf.

Schon lange war Livingstone das Gerücht bekannt, im Norden der Kalahari gäbe es einen riesigen See. Da kamen eines Tages Boten aus dem Norden von dem großen Makololo-Häuptling Sebituane. Er hatte schon von dem weißen Arzt und Missionar gehört und lud ihn zu sich. Die Makololo-Boten berichteten von großen Seen und gewaltigen Strömen. Ihr Häuptling sei als „Herr im Reich der Wasser und Wälder" weithin bekannt. Das war eine fesselnde Nachricht zu einer Zeit, wo Fachleute sich noch stritten, ob das Innere Afrikas eine große Wüste oder ein See wäre. Die Makololos erzählten viele Geschichten von ihrem Stamm, denen die Bakwena in den zauberhaften Nächten am Lagerfeuer bis in die frühen Morgenstunden lauschten.

Livingstone ließ sich von Setschele sagen, was er über Sebituane und seinen Stamm der Makololo wußte. Er wollte den „Herrn im Reich der Wasser und Wälder" sehen, mit ihm reden.

Als eines Tages in Kolobeng zwei englische Großwildjäger eintrafen, die in der Kalahari jagen und dann weiter nach Norden vorstoßen wollten, war der Plan des Missionars schnell fertig. Er schloß sich der hervorragend ausgerüsteten Expedition der beiden Engländer an, um den Häuptling Sebituane zu besuchen. Vielleicht würde er die Errichtung einer Missionsstation in seinem Wohnsitz Linjanti oder in der Umgebung gestatten. Jedenfalls sollte er die Freudenbotschaft der Erlösung erfahren.

Am 1. Juni 1849 brach die Expedition auf ins unbekannte Land. Jeder wußte, daß es eine gefahrvolle Wüstenstrecke zu durchqueren galt.

David Livingstone hielt vor dem Aufbruch einen Gottesdienst unter freiem Himmel und befahl die Expedition in Gottes Schutz und Hand.

Die Expedition stellte eine umfangreiche Gruppe dar. Achtzig Ochsen zogen vier hochbepackte Planwagen durch den Sand der Wüste. Zwanzig Pferde wurden von den beiden Engländern und ihren Dienern als Reittiere benutzt. Dazu begleiteten eine Anzahl Eingeborene den Zug. Die zwei Großwildjäger sorgten für das nötige Fleisch zur Verpflegung.

Nach Wochen trafen sie eingeborene Händler. Diese versuchten den Weitermarsch auf alle mögliche Weise zu behindern: sie gaben falsche Auskünfte, machten die Wasserstellen unbenutzbar. Offensichtlich betrachteten sie die Karawane der Weißen als Konkurrenz.

Eines Abends kam die Expedition an den ersehnten Brunnen, von dem die Schwarzen wußten, wo er lag. Er war aber vollständig mit Sand zugeschüttet. Nun mußte erst lange gegraben werden, um an das frische Wasser zu gelangen. Einmal geschah es, daß die Ochsen 96 Stunden lang ohne Wasser aushalten mußten, bis die Karawane das nächste Wasserloch fand.

Die zwerghaften Buschmänner, die Livingstone nach wochenlangem Treck erreichte, gebärdeten sich feindlich. Es war Abend. Durstig betrat der Missionar mit einigen Gefährten einen ganz primitiven Wohnplatz dieses Wüstenvolks. Nirgends war hier ein Brunnen zu sehen. Livingstone hatte einmal gehört, daß Karawanenleute Wasser gefordert hätten und die Antwort erhielten: „Wir haben keins." Als die vom Durst Gequälten zornig wurden und mit der Waffe drohten, antworteten die Buschmänner mit ihren kleinen Giftpfeilen, die wie Spielzeug aussehen, und die Karawanenleute kamen ums Leben.

Aber Livingstone setzte sich ganz ruhig zu den Leuten und zeigte ihnen, daß er als Freund gekommen sei. Nach einer Weile ließ er merken, daß er Durst habe. Darauf gingen ein paar Frauen und brachten nach kurzer Zeit große Straußeneier mit Wasser, das sie an verborgenen Wasserstellen holten.

So konnte Livingstone durch sein friedfertiges Auftreten immer wieder mißtrauische Menschen und Feinde umstimmen, ja sogar zu Freunden gewinnen.

Eines Abends erblickte die Expedition in der Ferne einen sehr großen See. Das konnte der Ngamisee sein, von dem Livingstone schon gerüchtweise gehört hatte! Alle waren gespannt. Livingstone notierte in seinem Tagebuch: „Die Wellen tanzten auf dem breiten Wasser. Die Schatten der Bäume spiegelten sich deutlich auf der Oberfläche, daß unser Vieh machtvoll ausholte und die Pferde, Hunde und sogar die Eingeborenen dem See entgegeneilten. Da war es plötzlich, als ob der Dunst mit dem Tiefersinken der untergehenden Sonne zerriß. Das Trugbild verschwand, und wieder starrte uns nur die nackte Wüste entgegen."

Dies war für Livingstone eine Enttäuschung. Er wußte, daß bereits fünfzehn Jahre vorher ein englischer Forscher den Ngami gesucht und nicht gefunden hatte. Sollte es ihm ebenso gehen?

Die Enttäuschung war nach mehreren Tagen vergessen, als Livingstone zu seinem großen Erstaunen an einen Fluß kam, an dessen Rand hohe Bäume standen. Der neuentdeckte Fluß mit Namen Suga kam aus dem Ngami, dem sagenumwobenen See.

Nach den Reisestrapazen genoß Livingstone hier eine Zeit der stillen Freude an Naturschönheiten, die nur wenige vor ihm und nach ihm jemals erlebten. In einem ausgehöhlten Baumstamm fuhr er auf dem Fluß und beobachtete die Tiere, wie sie zum Trinken kamen. Er schildert ganz hingenommen: „Es ist

Am 1. August 1849 erreichte Livingstone als erster Weißer den Ngamisee

Livingstone durchquert mit eingeborenen Trägern einen Fluß. (Nach einer Skizze von Livingstone)

ein herrlicher Fluß. So etwas Großartiges hast Du noch nicht gesehen. Die Ufer sind außerordentlich schön . . . Löwen und Elefanten, Antilopen und Flußpferde schauen neugierig auf mein Fahrzeug."

Nur wenige Tage später, am 1. August 1849, erblickte Livingstone als erster Weißer die glänzende weite Wasserfläche des Ngamisees. Das war für ihn und seine Begleiter eine unbeschreibliche Freude. Durch diese Entdeckung wurde er mit einem Schlag als Forscher weithin bekannt.

Nun wollte Livingstone den in südöstlicher Richtung aus dem See fließenden Suga überschreiten und gleich nach Norden in das Reich Sebituanes weiterreisen. Aber der am Fluß herrschende Häuptling Letschulatebe fürchtete, daß die Weißen seinem Widersacher Gewehre bringen und Sebituane dadurch noch mächtiger würde. So verbot er seinen Leuten, die Expedition überzusetzen. Zwar versuchte Livingstone, ein Floß zu bauen; er stand bis zu den Armen im Wasser und mühte sich ab. Aber der Versuch mißlang. Jetzt blieb nichts weiter übrig als umzukehren, zumal der dürre Südsommer bevorstand. Auf einem anderen Weg mehr am Rand der Kalahari ging der Zug zurück nach Kolobeng.

Die Missionsstation hatte die Abwesenheit des Missionars gut überstanden. Häuptling Setschele lauschte gespannt, als Livingstone und seine schwarzen Begleiter von den Entdeckungen und Abenteuern der Reise erzählten.

Am Großen Strom

Bereits im April 1850 brach Livingstone zum zweitenmal auf, diesmal mit seiner ganzen Familie, um den Makololo-Häuptling in seinem Reich aufzusuchen, der ihn nochmals durch Boten darum gebeten hatte. Die Hindernisse und Zwischenfälle, die dieser Expedition bevorstanden, übertrafen noch die Schwierigkeiten des ersten Unternehmens. Aber das Gottvertrauen der Missionarsfamilie überstand selbst harte Belastungsproben. Die Eheleute nahmen Freud und Leid willig aus Gottes Hand und klagten nicht. David ließ nicht nach, immer wieder Gott um Kraft zur Bewältigung der Aufgaben anzurufen, zu denen er sich berufen wußte. Dabei wurde er nicht stolz auf das bisher Erreichte. Gott und Seine Botschaft an die Menschen, das bedeutete ihm alles. Er betrachtete sich nur als ein Werkzeug unter den Tausenden, die Gott ausgesucht und in Seinen Dienst genommen hat.

Leider mußte die Karawane zuerst eine andere Marschrichtung einschlagen, weil ein feindlich gesonnener Häuptling die Wasserlöcher hatte zuschütten lassen. Aber furchtlos zog Livingstone mit seiner Familie zu diesem Häuptling und brachte es fertig, daß er in kurzer Zeit sein Freund wurde. „Er hat zwar einen schlechten Namen", bemerkte Livingstone, „aber er selber ist gar nicht so schwarz wie seine Hautfarbe." Den Häuptling plagte gerade ein Geschwür in der Magengrube. Deshalb war er froh, daß der Missionsarzt ihn besuchte.

Nur mühsam kam der Ochsenwagen in den Uferwäldern des Suga vorwärts. Mancher Baum mußte umgehauen werden, und nicht selten stürzte einer von den Zugochsen in eine Fallgrube, die die Neger zum Fang wilder Tiere angelegt hatten.

Endlich näherte sich der Treck dem Tamanakle, der von Norden in den Suga mündet. Diesem Fluß wollte Livingstone folgen, um zum Häuptling Sebituane zu gelangen. Da hörte er, daß es am Tamanakle stellenweise die gefürchteten Tsetsefliegen gibt, durch deren Stich ein Mensch die Schlafkrankheit und das Vieh die Tsetsekrankheit bekommen kann. Das wäre der sichere Tod der Zugochsen gewesen. So mußte Livingstone diesen Plan fallenlassen und hielt mit seinem Zug auf den Ngamisee zu.

Wie groß war die Freude, als sie schließlich den See erreichten! „Die Kinder planschten darin herum, wie es kleine Entlein tun", schrieb Livingstone. Freudig überrascht beobachtete er, wie die Eingeborenen viel zutraulicher wurden, als sie seine Frau und seine Kinder sahen.

Dem Häuptling Letschulatebe schenkte er sein wertvolles Gewehr. Es hatte dem Häuptling besonders gut gefallen. Dafür wollte Letschulatebe die ganze Familie Livingstone mit Nahrungsmitteln versorgen und versprach ihr seinen Schutz. Das kam dem Missionar sehr gelegen; denn er hatte vor, seine Familie am See zurückzulassen, um zunächst allein in das von noch keinem Weißen betretene „Reich der Wasser und Wälder" vorzustoßen.

Da erkrankten die beiden älteren Kinder und einige von Livingstones schwarzen Begleitern am Sumpffieber. Tag und Nacht hatten die Kranken unter den schrecklichen Fieberanfällen zu leiden. So entschlossen sich die Eheleute schweren Herzens, die ganze Expedition abzubrechen und gemeinsam nach Kolobeng zurückzukehren, wo das gesündere Klima Linderung des Fiebers erhoffen ließ.

An die Londoner Mission berichtete Livingstone: „Das, was im Seegebiet mehr Furcht verbreitet als irgend etwas anderes, sind die Moskitos. Sie sind schrecklich. Ich konnte keinen Quadratzentimeter am Körper der Kinder finden, der nicht zerbissen war, nachdem sie ihnen nur eine Nacht ausgesetzt waren."

Auf dem Rückweg schwankte das Fieber der Kinder noch immer heftig. Unablässig betete Livingstone um das Leben seiner geliebten Kleinen. Langsam bewegte sich der Zug durch den Sand der Kalahari, bis endlich Kolobeng erreicht war.

Als die Kinder allmählich gesundeten, nahm Livingstone ihre Genesung als Geschenk aus Gottes Hand. Darauf erwies sich die ungebrochene Tatkraft des Missionars; denn nun versuchte er zum drittenmal, das Evangelium in das Reich des schwarzen Häuptlings zu bringen. Diesmal wollte er Frau und Kinder auf der Station zurücklassen. Aber Mary Livingstone erwies sich als tapfere Missionarsgattin, die ihrem Mann zur Seite stehen wollte, sich auch andererseits nicht von den Kindern trennen mochte. Also beschlossen David und Mary Livingstone, auch diese dritte Reise gemeinsam zu wagen.

Häuptling Sebituane hatte gehört, daß Livingstone schon zweimal versuchte, zu ihm zu gelangen. Nun sandte er den drei Häuptlingen, durch deren Gebiet die Reise ging, je dreizehn Kühe als Geschenk und bat sie, dem Missionar auf seinem Weg soweit wie möglich zu helfen. Außerdem schickte er nochmals Boten nach Kolobeng, die zum Aufbruch drängten.

Livingstone schrieb seiner Missionsleitung: „Wir müssen einen Weg an das Meer finden, entweder nach der Ost- oder nach der Westküste." Welch ein bahnbrechender, ja tollkühner Gedanke – das Innere Afrikas war ja noch gar nicht erforscht! Doch der Missionar war zur Tat bereit.

Im April 1851 brach die Expedition auf. Zur ganzen Familie Livingstone gesellte sich noch der Großwildjäger Oswell, der die Entdeckung des Ngamisees neben dem Missionar als einziger Weißer lebend überstand. Er zählte seitdem zu den Getreuen der Familie.

Die Gefahren, die der Expedition drohten, waren gar nicht vorauszusehen. Auf einer früheren Reise versuchte eine rasende Nashornkuh, den Ochsenwagen umzuwerfen. Diesmal wurde Oswell, der an der Spitze ritt, von einer Löwin angegriffen.

Vom Sugafluß aus rückte Livingstone einfach nach Norden vor und ließ den Ngamisee links liegen, um auf kürzestem Weg ins Makololoreich zu gelangen. Die Karawane zog durch einen steppenartigen Landstrich, wo sie zahlreichen Buschmannsfamilien begegnete, von denen ein Mann die Expedition durch die nun beginnende Wüste führte. Auf seine Führung war aber kein Verlaß. Drei Tage lang fand die Karawane keine Wasserstelle, und am Morgen des vierten verschwand der Buschmann. Gegen Mittag sahen die Durstenden Vögel und machten die verschmachtenden Ochsen los. Die stürzten in westlicher Richtung davon.

„Der Wasservorrat im Wagen war von einem unserer schwarzen Gehilfen versehentlich verschüttet worden", berichtete Livingstone, „und gegen 4 Uhr nachmittags war nur eine kleine Portion für die Kinder übrig. Das wurde eine angstvolle Nacht . . . Der Gedanke, daß sie vor unseren Augen verschmachten könnten, war fürchterlich . . . Niemand", schreibt Livingstone, „kennt den Wert des Wassers, bis er seiner beraubt ist . . . Ich habe schon Wasser getrunken, und das nicht in mäßigen Zügen, das von Insekten wimmelte, dick von Schmutz war und von sonstigen Beimischungen verdorben."

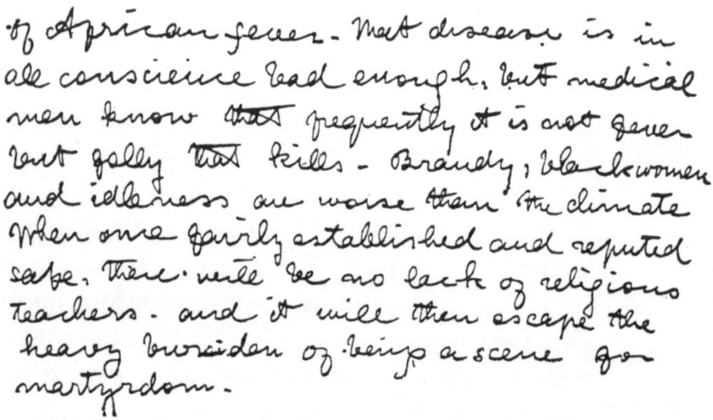
of African fever – that disease is in all conscience bad enough, but medical men know that frequently it is not fever but folly that kills – Brandy, black women and idleness are worse than the climate When once fairly established and reputed safe, there will be no lack of religious teachers – and it will then escape the heavy burden of being a scene for martyrdom –

Livingstones Handschrift aus einem Brief

Endlich, am Nachmittag des fünften Tages, kehrten einige Männer, die dem Vieh nachgegangen waren, mit Wasser zurück. Die Ochsen hatten einen kleinen Fluß gefunden, wo Schwarze wohnten, unter denen sich auch der entwichene Buschmann wiederfand. Nun gelangte die Expedition unter Führung eines Eingeborenen wohlbehalten an den Tschobe, den wasserreichen Grenzfluß von Sebituanes Reich, der sich unter einem mächtigen Uferwald dahinwand.

Die Makololos freuten sich sehr über die Ankunft der Weißen. Der Urwaldtelegraph der Trommeln hatte das Nahen der Expedition dem schwarzen König bereits gemeldet. Sebituane eilte aus einer anderen Gegend seines Reiches zum Empfang herbei. Livingstone fuhr ein Stück den Fluß hinunter und traf den großen Häuptling auf einer Insel, umgeben von seinen Vornehmsten, die einen choralartigen Gesang zur Begrüßung anstimmten. Beide waren erfreut, sich zu sehen.

„Euer Vieh", sagte der Häuptling, „ist sämtlich von der Tsetse gebissen und wird sicher umkommen. Aber das macht nichts. Ich habe Ochsen genug und werde euch so viel geben, wie ihr braucht."

Der schlanke, kräftige König Sebituane nahm den Weißen so herzlich auf wie einen vertrauten Freund. Er zeigte große Hochachtung vor dem Missionar, der die weite und gefährliche Reise durch die Todeszone der Kalahari mit seiner ganzen Familie überstanden hatte. Wer so etwas leistete, mußte einen mächtigen Gott haben, der große Kraft der Bewahrung besaß. Diese Expedition war ja die erste Abordnung der Weißen, die je bis dahin vorgedrungen war.

An geistiger Begabung übertraf Sebituane alle Häuptlinge, die Livingstone kennengelernt hatte. Schon früh am nächsten Morgen kam er zu Livingstones Schlafplatz, setzte sich am Feuer nieder und erzählte aus seinem abenteuerlichen Leben.

Dann berichtete der Missionar von England, von der Welt der Weißen und vom Glauben an den allein wahren lebendigen Gott.

Der Häuptling wollte gern Verbindung mit den Weißen und war erfreut über Livingstones Plan, bei Linjanti eine Missions- und Krankenstation zu errichten.

Aber wenige Wochen später erkrankte Sebituane schwer. Eine Lungenentzündung warf ihn danieder. Durch Livingstones Predigt hörte er zum erstenmal die frohe Botschaft vom Heiland der Welt, und vierzehn Tage danach starb der erst 45jährige.

Wie gern hätte der Missionsarzt den Schwerkranken behandelt! Doch er ahnte, daß Sebituane die Krankheit nicht überstehen würde, und wollte verhindern, daß die Medizinmänner ihm später die Schuld an seinem Tod zuschieben.

Kaum einen Monat erst kannte Livingstone den Häuptling, und doch mußte er um ihn herzlich trauern. Später machte er sich Vorwürfe, daß er seinem schwarzen Bruder nicht noch mehr von Jesus gesagt hatte.

War nun alles umsonst gewesen? Würden sich die Makololo nun gegen ihn auflehnen, ihn des Landes verweisen?

Der Missionar rang mit Gott und bat inständig um Hilfe – und Gott hörte. Die Makololos blieben freundlich wie zuvor. Dem Missionar und seiner Familie wurde kein Haar gekrümmt. Er konnte unbehindert weiter die Wahrheiten der Bibel verkündigen. Immer wieder hütete sich Livingstone vor erzwungenen Bekehrungen und vor Taufen, die auf Überredung beruhten. Überzeugung war nötig, wenn diese schwarzen Menschen rechte Christen werden sollten. Und echte Überzeugung brauchte Zeit und Hinführung zum Glauben. Im Verzicht auf billige Zahlenerfolge zeigte sich Livingstones missionarische Geduld.

Auf der Suche nach einem geeigneten Platz für die Missionsstation erkundete Livingstone das Land um Linjanti. Mit Oswell zusammen unternahm er einen

Streifzug nach Nordosten und stand an einem der letzten Junitage 1851 überwältigt am Steilufer eines fast 700 Meter breiten, majestätisch dahinströmenden Flusses. Die Makololo nannten ihn Sambesi, „Großer Strom".

Diese Entdeckung im Innern Afrikas erregte in der weißen Welt Aufsehen. Der Name des Entdeckers wurde dadurch noch bekannter.

Wo mochte die Quelle des Sambesi sein? Wie würde sein Lauf weiterführen? Diese Fragen bewegten den Forscher. Er wollte ihnen auf den Grund gehen. Aber eine erschütternde Entdeckung kam dazwischen.

Gegen den Sklavenhandel

Eines Abends saß Livingstone mit seinen schwarzen Begleitern am Lagerfeuer. Zu seiner Mannschaft hatten sich einige landeskundige Makololo hinzugesellt. Von denen erfuhr er: Die Makololo beteiligten sich am Sklavenhandel, verübten Überfälle auf Siedlungen anderer Stämme, raubten Männer, Frauen und Kinder und verschacherten sie für alte Gewehre an die Mambari, einem schwarzen Händlerstamm, der die Sklaven an die Portugiesen weiterverkaufte.

Der Missionar war entsetzt. Zwar hatte ihm der sterbende Sebituane schon bekannt, daß er Jungen aus seinem eigenen Stamm gegen Gewehre verkauft habe, weil er die Schußwaffen notwendig zu seinem eigenen Schutz brauchte. Livingstone war erschrokken: Ein Häuptling verkauft die Kinder seiner Stammesangehörigen! Aber daß der Menschenraub und -handel von den Makololo in einem solchen Ausmaß betrieben wurde, nahm ihn so mit, daß er am nächsten Morgen sofort zur Umkehr nach Linjanti aufbrechen ließ. Mühsam und langweilig verlief der Rückmarsch.

In Linjanti angekommen, berief der Missionar sogleich eine Versammlung der Makololo-Würdenträger. In einer denkwürdigen Nacht gaben die Makololo-Häuptlinge ihre Beteiligung am Sklavenmarkt zu. Sie erklärten, daß sie nur auf diese Weise die furchterregenden Feuerwaffen bekommen könnten, die ihnen Macht verschafften. Den Händlern hätten sie

Eingeborene, die in die Schemba (Sklavengabel) gezwängt und gefesselt sind, auf dem Weg zur Küste (Nach einer Skizze von Livingstone)

Sklaven mit Elfenbein im Hafen von Sansibar. Elfenbein wurde in vielen Teilen Afrikas als Zahlungsmittel verwendet

schon Vieh und Elfenbein angeboten. Doch wollten diese nur Menschen. – Sie verdienten dadurch mehr. Dafür gaben sie den Makololo ausgediente portugiesische Musketen.

Livingstone versuchte mit großer Mühe, die Makololo zu dem Versprechen zu bewegen, die Sklavenjagd abzubrechen.

Aber die Männer zögerten und redeten nur hinhaltende Unverbindlichkeiten. Schließlich wurde das Palaver deutlich feindselig. Die Makololo mißtrauten: Der weiße Mann wollte sie um den Erwerb der Tauschgegenstände aus der Welt der Weißen bringen!

Der Missionar sah ein, daß er so nicht weiterkam. Er plante regelrechte Handelsverbindung, die jene schmutzige Konkurrenz des Sklavenhandels erübrigen würde. Hatten die Makololo nicht selbst erklärt, daß sie im Grunde ihrer Herzen den Menschenhandel verabscheuten?

Nun wurde dem Forschermissionar sein einstmaliger kühner Gedanke zur brennenden Notwendigkeit: Ein Verbindungsweg zum Meer mußte gefunden werden!

Livingstone stellte den Aufbau einer Missionsstation im Reich der Wasser und Wälder zurück und trat mit seiner ganzen Familie am 13. August die Rückreise an.

Zwei Tage später steht in seinem Tagebuch: „Ein Sohn, William Oswell Livingstone, geboren." Niemand kann ermessen, was Frau Livingstone auf dieser Reise durchzumachen hatte; denn drei Tage danach heißt es in dem Tagebuch: „Thomas vom Fieber befallen. Deswegen einige Meilen weiter zu einem höhergelegenen Gebiet gezogen. Thomas wurde etwa innerhalb von vierzehn Tagen dreimal vom Fieber ergriffen."

Hatte Livingstone seiner Frau und seinen Kindern zuviel zugemutet? Doch er handelte als Missionar seiner Berufung getreu und rechnete mit der Macht des Allerhöchsten. Er schreibt: „Das Fieber kann uns leicht alle hinwegraffen. Ich denke mit Angst an die Möglichkeit des Todes der Kleinen. Aber wenn wir nicht gehen, wer geht dann? Für Christus wage ich alles."

Unter großen Anstrengungen führte der Rückweg durch die Wüstenei der Kalahari. Unterwegs überdachte Livingstone seine Pläne.

Eine Straße nach Westen mußte durch die Wildnis geschlagen und ausgebaut werden. Die Tauschwaren würden dann von der atlantischen Küste auf dem schnellsten Weg ins Innere des Landes gelangen; denn der Weg nach Süden durch die Kalahari bis Kapstadt wäre viel zu weit und zu schwierig. Dagegen würde eine günstige Handelsverbindung nach der Westküste dem Sklavenhandel das Wasser abgraben.

Endlich war Kolobeng erreicht. Aber wie trostlos sah es hier aus! Das ganze Dorf lag verlassen da. Die Buren hatten inzwischen den Ort überfallen, und Häuptling Setschele war mit seinen Bakwena aus Angst vor weiteren Überfällen weggezogen. Wie gut, daß Livingstone Frau und Kinder auf dieser Reise mitgenommen hatte!

Nun hielt den Missionar nichts mehr an diesem Ort. Der Weg war frei für die geplante große Aufgabe.

Wer konnte wissen, welche Strapazen und Entbehrungen dem Forschermissionar nun bevorstanden? Es war ein schwerer Entschluß, aber Livingstone sah keine andere Möglichkeit: Er wollte sich eine Zeitlang von Frau und Kindern trennen, bis er den Weg zur Westküste gefunden hatte. Den Gefahren eines solchen Vorstoßes in unentdeckte Wildnis konnte er seine Familie nicht mehr aussetzen. Schon um der Gesundheit und der Erziehung der Kinder willen einigten sich die Eheleute, daß Frau Livingstone mit den Kindern nach England zurückkehren sollte. Im Gebet rang der Missionar gemeinsam mit seiner Frau um die rechte Antwort Gottes.

Von Kolobeng ging die Reise weiter nach Kuruman, wo sie den Großvater Moffat besuchten. Dann brachte Livingstone seine Frau und Kinder nach Kapstadt, und am 23. April 1852 verließ das Segelschiff mit seinen Lieben den Hafen Kurs England.

Wie schwer der Abschied war, zeigt ein Brief, den der Misisonar schon am 5. Mai an seine Frau schrieb: „Meine teuerste Mary! Wie sehr vermisse ich Dich und die lieben Kinder! Unablässig sehnt sich mein Herz nach Euch. Wie möchte ich Euch noch viel zärtlicher und liebevoller entgegenkommen denn je! Du hast für mich gesorgt auf alle nur erdenkliche Weise. Gott segne Dich für alle Deine Liebe! Nirgends begegnet mir jetzt ein Gesicht, das dem lieben, sonnverbrannten gleicht, das mich mit so freundlichem Blick allzeit grüßte. Laß uns unsere Pflicht gegen unseren Heiland tun, und wir werden uns wiedersehen!"

Die Sorgen um Frau und Kinder waren ihm noch von den letzten Reisen in bedrückender Erinnerung. Nun konnte er unbekümmert den Vorstoß in die Wildnis wagen, um der schrecklichen Sklaverei entgegenzutreten. Er wußte: bei dieser Unternehmung konnte es passieren, daß der Tod mit von der Partie war. Aber wie sollten die Schwarzen die Botschaft von der Liebe Gottes glauben, wenn die Missionare tatenlos zusahen, wie Tausende von den Eingeborenen versklavt und gemordet wurden? Livingstone wollte mit den Eingeborenen leben und nicht kalt an ihrem Elend vorübergehen.

„Ich bin Missionar mit Leib und Seele", schrieb er an seinen Vater. „Gott hatte einen einzigen Sohn, und der wurde Missionar und Arzt. In diesem Dienst hoffe ich zu leben und auch darin zu sterben."

Die vor ihm liegende Reise war wohl eine der abenteuerlichsten, für die sich je ein Mensch als einzelner gerüstet hat. Wie groß war seine Verlegenheit, als man ihm wegen des Kaffernkrieges weder Pulver noch Kugeln verkaufen wollte. Die weißen Händler mißtrauten ihm, weil er als Missionar den Eingeborenen freundlich gegenüberstand. Dazu mußte Livingstone noch andere Demütigungen und Schwierigkeiten ertragen.

Schließlich verließ er im Juni 1852 Kapstadt wie ein geprügelter Hund, gehaßt von den Buren und von seinen eigenen Landsleuten mißtrauisch behandelt. Livingstone ahnte nicht, daß diese Reise vier Jahre dauern würde und damit zu einer der längsten wurde, die ein Mensch jemals bewältigt hat.

Auf seinem Ochsenwagen fuhr er zunächst nach Kuruman. Dort hörte er von Missionar Moffat, was sich inzwischen in Kolobeng Schreckliches ereignet hatte. Häuptling Setschele war mit seinem Stamm wieder nach Kolobeng zurückgekehrt. Das merkten die Buren, die den Häuptling ebenso wie Livingstone haßten, und überfielen das Dorf ganz plötzlich mit einer starken Abteilung. Viele Bakwena kamen dabei ums Leben, die anderen mußten fliehen. Livingstones Missionsstation wurde völlig ausgeplündert. Dieser Überfall verbreitete solchen Schrecken, und die Drohungen der Buren gegen Livingstone waren so feindselig, daß kein Eingeborener den Missionar auf der Reise begleiten wollte. Deshalb mußte er die Weiterreise um einige Monate aufschieben. Er schrieb: „Die Buren möchten das Innere Afrikas verschließen. Aber ich will es aufschließen, und wir wollen sehen, wem es gelingen wird: ihnen oder mir."

Endlich am 20. November konnte der Forschermissionar in Kuruman aufbrechen, ohne zuvor noch einmal nach Kolobeng gereist zu sein. Wie gerne hätte er dort neben der zerstörten Missionsstation noch einmal das Grab seines Töchterchens Elisabeth besucht; doch erfuhr er rechtzeitig, daß die Buren beabsichtigten, ihn gefangenzunehmen. Er mußte daher auf der Hut sein, daß er nicht den Buren in die Hände fiel. Trotzdem wollte er seine geliebten Eingeborenen vom Stamme der Bakwena noch einmal wiedersehen. Manchen Umweg mußte er machen, um die Buren zu umgehen. Verstohlen wie auf Schleichwegen gelangte er nach Litubaruba, wohin die Bakwena geflüchtet waren. Dort versuchte er mit großer Hingabe die ihm treu gebliebenen schwarzen Christen zu trösten. Sie hatten ihre Habe verloren, und viele von ihnen die Familienangehörigen. Dieses Leid trieb Livingstone aufs neue an, der Mißachtung der Eingeborenen entgegenzutreten und die gefährliche Reise durch die Kalahari fortzusetzen.

Viele Gefahren drohten, nicht nur von seiten der Buren, sondern auch von der Wildnis. So traf er einmal unversehens auf zwei Löwen, die zum Sprung ansetzen wollten. Als sich jedoch der Wagen näherte, den Livingstone, auf dieser Reise mit sich führte, schlichen sie scheu davon. Doch die lange Strecke durch die Wüste betrachtete Livingstone nicht als Plage. Im Gegenteil! „Dieses wilde, gesunde, schöne Zigeunerleben", schrieb er, „ist einfach wie eine lange Landpartie für jeden, der gern im Freien ist und keine leckere Kost verlangt."

Eines Nachts heulten viele Hyänen dicht beim Lager so entsetzlich, daß die vierzig Ochsen der Expedition durchbrachen und davonrasten. Wo waren die Ochsen bei Nacht in der weiten Wildnis zu finden? Ratlos standen Livingstone und seine schwarzen Helfer da.

Am nächsten Morgen merkten sie, daß ein junger Schwarzer fehlte. Als Livingstone schon aufbrechen wollte, um nach dem Vermißten zu suchen, kam der junge Schwarze auf das Lager zu. Mit Geschrei trieb er die vierzig Ochsen vor sich her. In der Nacht hatte er sofort die Verfolgung der davonstürzenden Tiere aufgenommen. Spät am Nachmittag des folgenden Tages stieß er endlich auf die Herde, blieb in der Nacht bei ihr und trieb sie am Morgen vollzählig zum Lager der Expedition zurück.

„Es ist wunderbar", meinte Livingstone, „wie er es in einem solchen Land ohne Kompaß geschafft hat, den Weg zurückzufinden und etwa vierzig Ochsen mit sich zu führen."

Die Expedition näherte sich zusehends dem Reich der Makololo. Die Wüsten- und Steppengebiete der Kalahari lagen im Rücken. Nun kamen die Sümpfe. Hier wurden Livingstone und viele seiner Begleiter vom Sumpffieber gepackt. Die ganze Karawane mußte längere Zeit haltmachen. Langsamer als sonst ging es dann weiter bis an den Tschobe.

Drei Tage suchte Livingstone vergeblich eine Furt

über den Fluß, der von Sümpfen und Schilfdickicht eingeschlossen war. Da entdeckte er am Abend von seinem Kahn aus ein Dorf.

Die Makololo wurden durch sein unvermutetes Kommen völlig überrascht. Als ob sie einen Geist sähen, riefen sie aus: „Er ist aus den Wolken gefallen, und doch ist er auf einem Flußpferd (Boot) hergeritten. Wir Makololo dachten, niemand kann über den Tschobe kommen, ohne daß wir's merken. Aber da ist er unter uns hereingefallen wie ein Vogel."

Nach einigen Tagen kamen mehrere Vornehme aus der Hauptstadt Linjanti mit vielen Leuten, um die ganze Expedition über den Strom zu holen. Die Wagen wurden zerlegt und stückweise auf Kähne gepackt, die Zugochsen von Schwimmern hinübergeführt.

Am 23. Mai 1853 traf die Expedition in Linjanti ein. Fast alle Einwohner, etwa sechs- bis achttausend, kamen dem Zug entgegen, um die Wagen anzustaunen. Sie hatten so etwas noch nie gesehen. Der neue König Sekeletu, ein erst 18jähriger Sohn Sebituanes, empfing Livingstone wie einen angesehenen Gast.

Der Missionar begeisterte die Makololo bald für seinen großen Plan: Er wollte versuchen, den Sambesi aufwärts zu fahren, und dann einen Weg zur Westseite Afrikas bis zur Küste erkunden.

In der Ratsversammlung der Makololo warnten einige: „Er wird euch alle ins Verderben führen! Eure Kleider riechen schon nach Blut!"

Aber Sekeletu stand auf der Seite des Forschers. Er verehrte den weißen Missionar und vertraute ihm. War doch Livingstone bereits so bekannt, daß sich ein Trupp Sklavenhändler bei seinem Herannahen eiligst davongemacht hatte. Die Makololo selbst erwarteten große Dinge von ihm. Längst waren Gerüchte zu ihnen gedrungen von Vorteilen, die die Missionare den Stämmen im Süden bringen würden.

Bereitwillig bot Sekeletu dem Forschermissionar Boote an und 27 Ruderer, außerdem Proviant und Elfenbein, das in vielen Teilen Afrikas als Zahlungsmittel verwendet wurde.

Betschuanas beim Rohrpfeifertanz im Mondschein

Vorstoß zum Atlantik

Der 11. November 1853 war der Tag des großen Aufbruchs. Livingstone ließ seine Begleiter nicht im unklaren darüber, daß es eine Fahrt ins gefährliche, unbekannte Land war. Es würde ein Wagnis sein!

Die Ausrüstung beschränkte Livingstone auf das Notwendigste. Außer fünf Gewehren nahm er nur kleine Vorräte an Zwieback, Tee, Kaffee und Zucker mit, daneben seinen Sextanten zur Standortbestimmung, eine Uhr, ein Thermometer, Kompaß und Fernrohr. Um die Träger zu schonen, tat er nur wenig Kleidung zum Reisegepäck, dazu die unentbehrlichen Arzneimittel, vier Bücher und zwanzig Pfund Glasperlen, die bei den Eingeborenen begehrt waren. Seine Zauberlaterne, den Bildwerfer, nahm er ebenfalls mit, um den Eingeborenen Bilder aus der biblischen Geschichte zu zeigen.

Häuptling Sekeletu begleitete Livingstone bis an den Tschobe. Er lieh ihm sogar sein eigenes Boot. Leicht ging die Fahrt flußabwärts bis zur Mündung des Tschobe in den Sambesi. Von hier an hatten die Ruderer tüchtig zu tun, um die Boote gegen den Strom des Sambesi vorwärts zu bringen.

Die Gebiete der Makololo bedeuteten kein großes Hindernis. Sekeletu hatte Boten vorausgeschickt mit dem Befehl, den weißen Doktor mit Lebensmitteln zu versorgen. In dem Dorf Sescheke blieb Livingstone einige Tage und verkündigte die frohe Botschaft, oft vor mehr als sechshundert Menschen.

Aber einmal mußte die Expedition den Herrschaftsbereich des jungen Königs verlassen und fremdes Stammesgebiet betreten. Es war nicht vorauszusehen, wie sich die bis dahin unbekannten Stämme verhalten würden.

Außerdem war noch immer völlig unklar, wie der Sambesi sein riesiges Flußbett ins afrikanische Land eingegraben hatte. Livingstone hatte keine Ahnung, ob der Fluß sie überhaupt noch weit nach Westen tragen würde. Alles lag im undurchsichtigen Dunkel bloßer Vermutungen. Die Reise konnte unter diesen Umständen leicht zu einem großen Mißerfolg werden. Livingstone aber war nicht der Mann, der vor dem Unbekannten zurückschreckte.

Zunächst fuhren sie langsam, aber zielsicher weiter den Sambesi aufwärts, dessen Bett sich allmählich nach Norden wandte. Schließlich folgte der Weitermarsch auf dem Land.

Jetzt stießen die Expeditionsteilnehmer immer mehr auf das Elend der Sklaverei. Die Häuptlinge, durch deren Stammesgebiet sie zogen, forderten jeweils einen Mann als Sklaven und ein Gewehr, bevor sie den Durchzug erlaubten. Diese Forderung war gegenüber den Sklavenhändlern an der Tagesordnung, wenn die einen Zug aneinandergeketteter Sklaven durch das Gebiet des Häuptlings treiben wollten, um mit ihren Opfern zum Sklavenmarkt zu gelangen. Aber der Missionar ging nicht darauf ein.

Erregt über Livingstones Weigerung, ließ einmal der Häuptling, zu dem sie kamen, die Expedition von seinen bewaffneten Männern umzingeln, um sie auszuplündern. Die Makololo, geübte Krieger aus Sebituanes Schule, griffen kaltblütig zu ihren Spießen. Nur mit Mühe konnte der Missionar ein Blutvergießen verhindern. Durch seine überlegene Ruhe brachte er es schließlich fertig, daß sich die aufgeregten Schwarzen niedersetzten.

Nun sagte Livingstone zu dem Häuptling, er sei ein Freund der Schwarzen und kein Sklavenhändler. Deshalb sei eine so hohe Forderung nicht recht. Von seinen Männern könne er keinen abgeben, die seien Freie und keine Sklaven, und seine wenigen Gewehre brauche er gegen wilde Tiere. Aber ein Hemd, ein Tuch und einige Perlen wolle er dem Häuptling gern als Freundschaftsgeschenk geben.

Doch der Häuptling und seine Räte wurden immer unverschämter. Inzwischen hatten die Makololo mit ihren Speeren den Häuptling und seine Berater umstellt. Als diese ihre bedrohliche Lage merkten und Livingstone noch eine weit größere Gabe, einen Ochsen, als Geschenk anbot, gaben sie nach, und der Friede blieb gewahrt.

Nach langen Märschen gelangte die Kolonne an den Dilolosee. Das war die Wasserscheide zwischen dem Sambesi und dem Kongostrom. Nun lagen gewaltige Sümpfe vor der Expedition, die es zu durchqueren galt. Das Sumpffieber brach aus. Die ersten Fieberkranken begannen zu phantasieren. Die Makololo sahen in der Krankheit die Ausbrüche böser Geister.

Livingstone bemühte sich nach Kräften, sie zu belehren, um sie vom Glauben an böse Geister abzubringen. Er sagte seinen schwarzen Begleitern, daß der Glaube an den Herrn Jesus, den Sohn des einzig wahren Gottes, sie von der Geisterfurcht frei macht.

Das Beispiel des Missionars beeindruckte sie. Als Arzt behandelte er seine kranken Träger, pflegte sie und gab ihnen Arznei, besonders Chinin gegen das Sumpffieber.

Der Missionsarzt selbst wurde wieder von der Malaria befallen. Auf der letzten Reise erlitt er in neun Wochen sieben Malariaanfälle. Daher nahm er wieder einen Reitochsen mit, um auch bei Krankheit vorwärts zu kommen. Er ritt, während ihn das Fieber schüttelte – eine außerordentliche Anstrengung! Einmal streifte ihn sein Ochse an niederhängenden Baumzweigen ab. Dabei stürzte der Fieberkranke schwer auf den Kopf. Ein andermal warf Sinbad, der Ochse, ihn in einem tiefen Fluß ab. Aber Livingstone konnte ans Ufer schwimmen.

Wenn ein Fluß durchquert wurde, reichte ihm das Wasser oft bis zur Brust. Danach ließ er seine Kleider auf dem Leibe trocknen.

Während des letzten Teils der Reise regnete es besonders viel. Die Expedition kam aus der Nässe kaum mehr heraus. Die Kleider und Decken waren durchnäßt, die Gewehre rosteten. Die Achselhöhle war oft der einzige trockene Ort, wo Livingstone seine Uhr aufbewahren konnte.

Durch diese Strapazen und die wiederkehrenden Fieberanfälle magerte der Missionar fast zum Skelett ab. Dazu trat noch eine Amöbenruhr, durch die er viel Blut verlor. Da nur wenig Lebensmittel mitgenommen wurden, mußte er in seiner Schwäche für Jagdbeute sorgen. Zeitweilig waren sie froh, wenn sie für den größten Hunger Maulwürfe und Mäuse ausgraben konnten.

Manchmal mußte Livingstone einen Tag lang mit irgendeinem Häuptling über die Höhe der Abgabe verhandeln, die dieser für die Durchreise forderte. Dann verlangte der Häuptling oft noch einen sehr hohen Preis für die dringend benötigten Lebensmittel.

Einmal mußte Livingstone einen ganzen Ochsen

geben. Dafür bekam er nur wenige Yamswurzeln, eine Ziege, Geflügel und etwas Fleisch. Darüber waren seine schwarzen Reisebegleiter so außer sich, daß einige vorschlugen, Livingstone allein weiterziehen zu lassen. Das traf den Missionar hart; denn inzwischen waren sie nahe an die portugiesischen Besitzungen herangekommen. Nach solchen Opfern kurz vor dem Ziel umkehren?

„Mit aller meiner Überredungskunst erklärte ich ihnen, daß ich allein weiterziehen würde, wenn sie umkehren", berichtet der Missionar. „Dann ging ich in mein kleines Zelt und wandte meinen Geist Gott zu, der die Seufzer der Seele hört."

Gleich danach kam der Wortführer von Livingstones schwarzen Begleitern und sagte zu ihm: „Wir werden dich nicht verlassen. Als wir sprachen, war unser Herz böse und furchtsam. Aber jetzt sollst du sehen, was wir für dich tun können."

Tagelang mußte sich die ermüdete Schar von Maniokwurzeln ernähren. Da schlachteten sie am Sonntag, dem 2. April, einen Ochsen.

Der Häuptling, in dessen Gebiet sie ihr Lager aufgeschlagen hatten, verlangte einen Mann, einen Ochsen, ein Gewehr. Wie oft hatten sie diese Forderung schon gehört! Dazu wollte er Fleisch von dem geschlachteten Ochsen. Als Livingstone das Fleisch nicht gleich sandte, ließ der Häuptling sagen: „Du kannst es uns ruhig geben. Morgen werden wir euch töten, dann bekommen wir ja doch alles."

Nun verhandelte Livingstone wiederum fast einen ganzen Tag mit dem noch ziemlich jungen Stammesoberhaupt. Der Missionar war schließlich bereit, einige Kupferringe und einige Pfund Fleisch zu geben. Doch der Schwarze beharrte: „Wenn ihr nicht noch eine rote Jacke und einen Mann zu eurem Geschenk dazutut, müßt ihr auf demselben Weg zurückkehren, den ihr gekommen seid."

Livingstone hatte nun den Quangofluß erreicht. Auf dem anderen Ufer lag die portugiesische Kolonie. Jetzt sollte er, durch die unverschämten Forderungen des Häuptlings bedrängt, umkehren müssen? Zuletzt entschloß er sich, auch noch seine Schlafdecke dranzugeben, wenn er damit den Durchzug und den Übergang über den Fluß erkaufen konnte.

Da begegnete ihm ein Europäer. Der Missionar wollte seinen Augen nicht trauen. Es war der portugiesische Sergeant Cypriano. Er kam von der anderen Seite des Flusses und wollte hier Bienenwachs suchen. Livingstone erklärte ihm seine Notlage, und der Portugiese war bereit, ihm zu helfen.

Gemeinsam gingen sie daran, die Expedition über den Fluß zu bringen, während ihnen die Kugeln der erbitterten Schwarzen um die Ohren pfiffen. Die Eingeborenen waren erbost, weil sie sich um die hohe Abgabe für freien Durchzug betrogen sahen. Trotzdem gelang die Überquerung des Flusses, und die Expedition stand nun auf portugiesischem Boden.

Der Portugiese lud Livingstone in sein Haus ein. Dort verbrachte der erschöpfte Forscher eine ruhige Nacht. Am nächsten Morgen wurde ihm ein wunderbares Frühstück bereitet. Sein Gastgeber schlachtete sogar einen Ochsen und „machte seinen Garten fast kahl", um Livingstone für einige Tage mit Marschverpflegung zu versehen.

Nun zog die Expedition auf portugiesischem Gebiet weiter und erreichte am 13. April 1854 den ersten von Europäern bewohnten Ort Cassange. Wie freute sich der Forscher, als er von der Höhe aus die rund 35 Häuser portugiesischer Kaufleute erblickte!

Das erste Ziel war erreicht! Das Innere Afrikas brauchte nicht länger in steinzeitlicher Abgeschiedenheit zu leben; denn der Durchstoß zur Westküste war gelungen, der Anschluß an die Zivilisation konnte erfolgen.

Über seine Ankunft in Cassange schreibt Livingstone belustigt: „Ich sah hinsichtlich meiner Kleidung ziemlich vernachlässigt aus. Der erste Herr, den ich traf, fragte mich nach meinem Paß und erklärte, er müsse mich vor die Behörde führen. Da ich ungefähr in der gleichen Lage war wie Leute, die sich ein kleines Vergehen zuschulden kommen lassen, um im Gefängnis Wohnung und Kost zu erhalten, folgte ich ihm freudig in das Haus des Kommandanten, Senhor de Silva Rego. Nachdem ich ihm meinen Paß gezeigt, lud er mich höflich zum Abendessen ein. Da wir lange Zeit nur von ein wenig Mehl gelebt hatten, mag ich auf die anderen Tischgäste wohl den Eindruck eines gefräßigen Menschen gemacht haben."

Livingstone verkaufte in Cassange einen der mitgeführten Elefantenzähne und handelte einen guten Elfenbeinpreis dafür ein. Damit konnte er die Expedition neu ausrüsten.

Körperlich ein Wrack und am Ende seiner Kräfte erreichte der Forschermissionar mit seinen 27 Begleitern die Küste des Atlantischen Ozeans. Wie erstaunten die Makololo, als sie am weiten Meer standen! Ihre Väter hatten sie gelehrt, daß dieses Land kein Ende habe. Nun aber waren sie wirklich am Ende des Landes angekommen.

In der Küstenstadt Loanda trafen sie am 31. Mai 1854 ein. Der einzige Engländer am Ort, ein Herr

Gabriel, nahm sich herzlich seines Landsmannes an. Hier befiel Livingstone ein so heftiges Fieber, daß er sich erst nach einigen Wochen allmählich erholte.

Inzwischen ankerte auf der Reede von Loanda ein englisches Kriegsschiff. Der Kapitän lud den kranken Missionar dringend ein, mit nach England zu kommen, sich von den Strapazen des über dreizehnjährigen Missionsdienstes in Afrika zu erholen, Frau und Kinder wiederzusehen ...

Aber Livingstone blieb hart gegen sich selbst. Er hatte seinen Makololos versprochen, sie wieder zu ihrem Stamm zurückzubringen. Dieses Versprechen wollte er halten. Außerdem erfüllte ihn ein neuer Plan. Zwar war es ihm gelungen, durch Urwälder, Sümpfe und viele Flüsse bis zur Westküste vorzustoßen. Wer aber sollte in nächster Zeit durch diese große Wildnis einen brauchbaren Handelsweg bahnen? So wollte er versuchen, von Linjanti aus den Sambesi abwärts zur Ostküste zu kommen. Vielleicht war dieser Weg für eine Handelsverbindung günstiger.

Dem Kapitän gab Livingstone Briefe mit nach England, dazu Landkarten und Aufzeichnungen seiner Reisen und Entdeckungen. Später erfuhr der Missionar, daß das Schiff bei Madeira unterging. Nur ein einziger Mann konnte sich retten. Wie dankte er da seinem Gott für diese erneute wunderbare Bewahrung! Allerdings seine Forschungsergebnisse waren mit dem Schiff ins Meer gesunken. Doch unermüdlich machte er sich daran und schrieb seine Reiseberichte noch einmal.

Am 24. September 1854 trat die Expedition die Rückreise nach Linjanti an; reich beladen mit allerlei Waren für Abgaben an die Häuptlinge und zum Geschenk für Sekeletu und seine Makololos. Erst nach etwa einem Jahr traf der Forscher mit seiner Mannschaft wieder in der Stammeshauptstadt Linjanti ein.

Die Rückkehr der Expedition löste unbeschreiblichen Jubel aus. Die kritischen Stammesältesten waren widerlegt. Die Stammeszauberer der Makololo hatten in einer mitternächtlichen Geisterbefragung Livingstone und seine Begleiter für tot erklärt. Als der Missionar nun mit seinen jungen Trägern wohlbehalten wieder eintraf, war das ein großer Schlag gegen die Macht der gefürchteten Zauberer. Der Gott der Weißen war offensichtlich doch mächtiger und stärker als die Geister der Medizinmänner, die doch ganz sichtbar gelogen hatten.

Und noch etwas fand außerordentliche Beachtung. Die Portugiesen rechneten, daß ihnen eine Handelsverbindung mit den Völkern Innerafrikas gute Verdienste einbringen wird. Sie hatten darum dem englischen Missionar für den schwarzen König ein prunkvolles Geschenk mitgegeben: eine vollständige portugiesische Obristenuniform mit viel silbernem Zierrat, ein wirkliches Paradestück.

Nach der feierlichen Begrüßung überreichte Livingstone dem schwarzen König die verschiedenen Geschenke der Portugiesen und zuletzt als Höhepunkt die Uniform. Sekeletus Freude darüber war so groß, daß er sich gleich mit dem Staatsstück bekleidete. Zum Dankgottesdienst des Missionars erschien er in der bunten Galaausstattung und war vielbeachteter und hochbestaunter Mittelpunkt. Livingstone mußte feststellen, daß seine Predigt vom Prunk der Königsuniform überstrahlt wurde. Der junge König war stolz wie ein Pfau.

Der Stammesrat der Makololo hatte von Livingstone gehört, daß er einen Weg zur anderen Küste, nach Osten hin, erkunden wolle. Nun wurde darüber verhandelt. Die Räte überschütteten König Sekeletu mit Vorschlägen. Vielleicht war der Weg den Sambesi abwärts kürzer, bequemer und möglicherweise auch ungefährlicher als der Weg nach Westen. Denn die jungen Träger hatten inzwischen mit beredten Worten und in allerhand Übertreibungen die Abenteuer und Gefahren des Weges zur Küste geschildert, um ihr eigenes Ansehen damit zu steigern.

Nun drängten sich Hunderte von Makololo zu dem weißen Missionar, um ihn auf seiner neuen Unternehmung zu begleiten. Zahlungsmittel für die weite Reise stellte der König. Er sagte zu Livingstone einfach: „Alles Elfenbein im Land ist dein. Wenn du etwas davon zurückläßt, ist es deine Schuld."

Der „Donnernde Rauch“

Der Aufbruch zur zweiten großen Sambesi-Expedition, diesmal stromabwärts, geschah am 3. November 1855. 120 Makololo waren aus der Fülle der Freiwilligen ausgewählt worden. In großen Booten ließ sich die Expedition auf dem Strom hinabtreiben.

Die schwarzen Begleiter erzählten immer wieder von dem sagenhaften „Donnernden Rauch“. Die Unterhaltung darüber wollte nicht verstummen. „Mosi-oa-tunja“ nannten die Eingeborenen diese seltsame, nur vom Hörensagen bekannte Naturerscheinung des „Donnernden Rauches“, der himmelhoch zischen und weite Landstrecken mit dauerndem Regen bei hellem Sonnenschein berieseln sollte. Der „Donnernde Rauch“ mußte irgendwie mit dem Fluß im Zusammenhang stehen. Der Missionar konnte sich unter dem „Donnernden Rauch“ keine rechte Vorstellung machen.

Weiter glitten die Boote ins unbekannte Urwaldgebiet, das der Sambesi durchfloß. Mangrovewälder verwehrten den Blick über die Ufer hinaus.

Einmal sah Livingstone am Ufer ein seltsames Häuptlingsgrab, das mit über dreißig Elefantenzähnen umstellt war. Große Opferschalen deuteten auf einen Blutopferkult hin. Der Missionar erklärte seinen Begleitern den Unterschied zwischen den heidnischen Blutopfern und dem Opfertod Jesu Christi am Kreuz von Golgatha. Ob sie das alles verstanden und in sich aufnahmen? Livingstone war manchmal bedrückt, wenn die Eingeborenen gleichgültig blieben. Um so herzlicher betete er zu Gott um neue Vollmacht, den Gekreuzigten und Auferstandenen unter den Einheimischen des Dunklen Erdteils zu bezeugen.

Der Missionar war ein Streiter Jesu Christi auf weit vorgeschobenem Posten. Dabei blieben ihm Glaubensnöte und auch Mutlosigkeit unter den erdrückenden Umständen dieses Missionsreiselebens nicht erspart. Dann schöpfte er immer wieder Kraft aus den Briefen seines großen Vorbildes Paulus, der weder Kraftanstrengung noch Mühen und Gefahren gescheut hat, um das Evangelium in die Herzen der Menschen Europas zu bringen, der in Kleinasien missioniert hat, ohne an Kraft und Eifer für seinen Herrn zu erlahmen oder aufzugeben, der Gefängnisse gesehen und Vertreibungen unter schändlichen Umständen erlebt hat.

Am Morgen eines sonnigen Tages sah Livingstone nach seinem Frühgebet am Horizont merkwürdige Wolkensäulen. Auch die farbigen Begleiter hatten diese wahrgenommen und faselten aufgeregt vom „Donnernden Rauch". Je näher die Expedition an die Wolkensäulen herankam, desto deutlicher ließ sich ein Donnern und Brausen vernehmen, das sich wie ein unterirdisches Grollen anhörte. Der Eingeborenen bemächtigte sich eine große Unruhe und Angst. Sie murmelten etwas über den Sitz der Götter. In abergläubischer Furcht wollten sie umkehren.

Bei genauem Hinschauen konnte man fünf gewaltige Wasserdampfsäulen ausmachen. Mit einigen beherzten Eingeborenen ging Livingstone darauf zu. Die Boote hatten sie schon weiter flußaufwärts verlassen.

Als sie noch näher herankamen, meinte Livingstone das tiefe Brausen gewaltiger Baßorgeltöne zu vernehmen. Die weißen Gischtwolken hoben sich schillernd vom azurblauen Tropenhimmel ab. Ein wahrhaft majestätischer Anblick des urwelthaften Naturgeschehens. Am Ufer war ein Blühen von nie gesehener Pracht.

Auf einem kleinen Kanu ließ sich Livingstone von einigen geschickten Ruderern zu einer Insel hinüberpaddeln, die mitten im Strom lag. Die Männer mußten der Strömung entgegenarbeiten. Nach einem nahezu lebensgefährlichen Übersetzversuch erreichten sie die Insel. Im hohen Gras und einem tropischen Pflanzenwuchs von seltener Üppigkeit versank die kleine Schar fast. Nur langsam konnte sich Livingstone durch das Pflanzendickicht bis zum anderen Ende der Insel vorarbeiten, wo der gewaltige Strom plötzlich aufzuhören schien, wie von der Unterwelt verschlungen.

Vom Gischtregen durchnäßt, erklomm Livingstone den herausragenden roten Felsen unmittelbar am Abgrund. Da bot sich ihm als erstem Weißen der überwältigende Rundblick über den ganzen Wasserfall.

In 1700 Meter Breite stürzte der Sambesi, der Große Strom, 110 Meter tief in eine 30 Meter enge Schlucht, die wie mit einem Riesenbeil quer durch den Fluß in das Land hinein geschlagen schien. Halb betäubt vom ohrensprengenden Lärm des Naturwunders, starrte Livingstone, der kriechend den vorspringenden Felsen umklammerte, hinunter in den gähnenden Schlund, in dem das brodelnde und tosende Wasser mit ungeheurer Gewalt Milliarden kleinster Tröpfchen als Gischt hoch in die Luft schleuderte.

Den „Donnernden Rauch“, dieses königliche

Livingstone entdeckte die Viktoriafälle des Sambesi

Schauspiel, das Kleinod Afrikas, nannte Livingstone nach seiner Königin Viktoriafälle.

In den Gischtwolken sah der Forscher zwei Regenbogen in strahlenden Farben leuchten. Die Eingeborenen nannten diese Lichtbogen „Götterstäbe".

War nicht der bunte Regenbogen das Zeichen des göttlichen Bundes nach der Sintflut? Diese beiden prächtigen Regenbogen über den Sambesifällen sollten Livingstone an die Treue Gottes erinnern. Im Vertrauen auf Ihn durfte er im unerforschten Land furchtlos weiterziehen.

Livingstone folgte dem Vorwärtsdrängen des Stromes. Weiter ging es, der östlichen Küste entgegen!

Dem Indischen Ozean entgegen

Livingstone beschloß, die Boote am Sambesi zurückzulassen. Der Weitermarsch wurde zu Fuß fortgesetzt. Sie durchquerten ein fruchtbares Hügelland mit weiten Tälern und herrlichen Blumen, mit blühenden Bäumen und vielen Tieren, die den Proviant als Jagdgut verlängern halfen.

Die dort ansässigen Stämme forderten hohen Tribut von dem, der durch ihr Gebiet ziehen wollte. Livingstone wurde zu weiten Umwegen gezwungen, wenn die Stammeshäuptlinge den Durchgang verweigerten. Viel Zeit ging verloren. Die Bewohner des Hügellandes waren gegenseitig verfeindet und in blutige Stammesfehden verwickelt. Immer wieder trafen die Expeditionsteilnehmer auf Streifen und Kundschafter, die auf Kriegspfad waren. Mit Geschenken wurde manche kritische Lage überwunden.

Sie sammelten Beeren und Früchte der Bäume, um die langsam zur Neige gehende Verpflegung damit zu verlängern. Im Hügelland trafen sie auf riesige Büffelherden, die bei der Flucht den Boden erschütterten, als sei ein leichtes Erdbeben im Kommen.

Löwen strichen durch das Grasland der Täler. Es gab auch Elefantenherden. Die ungezählten Antilopen waren an Menschen gar nicht gewöhnt und benahmen sich fast zahm und zutraulich. Zebras traten in ganzen Herden auf.

Livingstone notierte alles sorgfältig in seinem Tagebuch, um es später zu veröffentlichen, damit die

Welt der Weißen erfuhr, was für Naturwunder im Innern Afrikas zu finden sind.

Je weiter der Forscher mit seinen Begleitern nach Osten kam, desto feindlicher wurden die Stämme der Eingeborenen. Die Tributforderungen wurden immer unverschämter und umfangreicher, seitdem der Trommeltelegraph die Erfahrungen mit der Expedition weitergegeben hatte.

Die gefaßte Ruhe und das sichere Auftreten des weißen Missionars machten immer wieder großen Eindruck. Manche sehr gefährliche Lage konnte Livingstone durch den ganzen Einsatz seiner friedfertigen Persönlichkeit entschärfen. Manchmal mußte er zwar zur Waffe greifen; aber er brauchte nie auch nur einen Warnschuß abzugeben.

Nach einem anstrengenden Marsch erreichte die Expedition am 14. Januar 1856 die Mündung des Loangwa in den breiten, mächtig angeschwollenen Sambesi. Dort, in dem Ort Zumbo, fand der weiße Missionar zu seiner Überraschung die Reste einer christlichen Kirche. Wie war das nur möglich hier im Innern des Schwarzen Erdteils?

Erst viel später erfuhr er, daß die Portugiesen schon vor über hundert Jahren hier, fast 1000 Kilometer von der Küste entfernt, eine Missionsstation erbaut hatten. Sie wurde durch Überfälle zerstört. Die Eingeborenen, aufgestachelt durch die Stammeszauberer, widersetzten sich meistens den Missionsversuchen.

Livingstone notierte sich sehr genau, was er an Resten der Zerstörung vorfand, um seiner englischen Missionsgesellschaft bei nächster Gelegenheit darüber Bericht zukommen zu lassen. Die Gelegenheit sollte früher kommen, als er es für möglich gehalten hatte.

Beim Anblick einer zerstörten Kirche quälten Livingstone doch böse Gedanken. Neue Zweifel kamen auf. Hatte dieses gewagte Reisen und Missionieren überhaupt einen Sinn?

„Ich fühlte mich sehr unruhig", schrieb er, „wenn ich daran dachte, daß ich, bei den besten Absichten für das Wohl dieses Landes und seiner Bewohner, am nächsten Tage von den Wilden totgeschlagen werden könnte, von denen man hinterdrein sagen würde: ‚Sie wußten nicht, was sie taten.' Aber ich las die Worte Christi: ‚Mir ist gegeben alle Gewalt im Himmel und auf Erden. Darum gehet hin und lehret alle Völker . . . Siehe, Ich bin bei euch alle Tage bis an der Welt Ende.'"

Dieses Wort nahm er als ganz persönlichen Zuspruch und als Frucht seines Bibellesens nach all den schrecklichen Zweifeln mit auf die Weiterreise.

Am kommenden Morgen entstand wieder eine gespannte Lage. Der Stamm, der das Gebiet der zerstörten Missionsstation beherrschte, stellte sich feindlich. Die Männer schickten Frauen und Kinder in den Wald und wollten kämpfen.

Die jungen Makololos wurden beim Anblick der hochmütigen Krieger so gereizt, daß sie Livingstone baten, den Kampf doch aufzunehmen und die Feuerrohre reden zu lassen. Die Makololos fürchteten, daß der weiße Missionar den hohen Tributforderungen der Eingeborenen gegenüber zu nachgiebig war und die Unverschämtheit ihrer farbigen Genossen noch mehr herausforderte. Das könnte ihnen den Rückweg verlegen. Sie hätten ja auf dem umgekehrten Pfad, zurück zum Reich ihres jungen Negerkönigs, keine so großartigen Geschenke anzubieten.

Livingstone ließ sich nicht aus der Ruhe bringen. Er verbot seinen verärgerten Begleitern, die Waffen zu gebrauchen. „Wir müssen Liebe und nicht den Tod bringen", belehrte er seine Leute, die ihm böse waren, weil die Gegner seine Langmut als Schwäche betrachten konnten.

Aber auch diese brenzlige Lage meisterte der Forscher durch sein beherrschtes Verhandeln, mutiges Auftreten und durch seine Friedfertigkeit. Es machte auf die Eingeborenen gewaltigen Eindruck, daß der weiße Mann vor ihren Pfeilen nicht davonlief, sondern auf sie zuschritt, langsam und beherrscht, sie dabei mit den Augen fest ansah, so daß keiner abzuschießen wagte.

Livingstone kam ungeschoren davon und konnte auch seine Makololos zufriedenstellen. Willig nahmen sie dann ihr Gepäck wieder auf und marschierten weiter, immer dem Osten zu. Wenige Tage danach erreichten sie die ostafrikanische Ortschaft Tete, eine Siedlung der Portugiesen. Hier brachte der Forschermissionar die meisten seiner Makololos als Ackerbauern oder Elefantenjäger unter. Er versprach ihnen, sie wieder in ihre Heimat zurückzubringen, und reiste mit einigen Gefährten in großen zeltbedachten Booten zügig den Sambesi abwärts dem Meer entgegen.

„Afrikafieber"

Nach einer abwechslungsreichen Fahrt traf Livingstone am 20. Mai 1856 in der portugiesischen Stadt Quelimane ein, die etwas nördlich der Sambesimündung am Indischen Ozean liegt. Auch hier wurde der Afrikadurchquerer von den Portugiesen gastfreundlich aufgenommen und konnte sich von seinem letzten schweren Fieberanfall einigermaßen erholen.

Hinter Livingstone lagen unvorstellbare Strapazen, die der Gesundheit des Missionars stark zugesetzt hatten. Nun war ein Heimaturlaub in England dringend notwendig.

Nach etwa sechs Wochen legte ein englisches Segelschiff bei Quelimane an, um Livingstone mitzunehmen. Einige der Makololos, die den Missionar hierher begleitet hatten, wollten gern mit nach England. Aber er sprach ihnen gut zu, dazubleiben, bis er zurückkehre: „Nur der Tod soll mich hindern, wieder zu kommen."

Am 12. Dezember 1856 traf er glücklich bei seinen Lieben in England ein. Seine Frau Mary, von der er nun über viereinhalb Jahre getrennt war, holte ihn mit den großgewordenen Kindern am Bahnsteig ab und fiel ihm in die Arme. Sie wollten sich nun nie wieder trennen!

Damit begann für ihn eine glückliche Zeit der Erholung bei seinen Lieben.

David Livingstone war berühmt geworden. Als erstem Weißen gelang ihm die Durchquerung Afrikas von West nach Ost. England sparte nicht mit Auszeichnungen. Aber er blieb der bescheidene Schotte, der sich in den Weiten Afrikas wohler fühlte als in der Enge europäischer Salons, dem es widerstrebte, herumgereicht zu werden, um eine Art interessanter Schaufigur darzustellen.

Nicht nur in Afrika, auch in England war Livingstone viel auf Reisen und sprach vor Studenten, Gelehrten und einfachen Arbeitern von den Nöten des Schwarzen Erdteils. Er verfaßte einen ausführlichen Bericht über seine Erlebnisse und Entdeckungen in Afrika. Der Bericht mit dem Titel „Missionsreisen" wurde gedruckt und zu einem Bestseller. Das Buch hatte fast siebenhundert Seiten und viele Bilder. Die Darstellungen Livingstones wurden mit Spannung gelesen. Der Aufruf gegen die unmenschliche Sklaverei blieb nicht unbeachtet. Die Kirchen setzten sich für die Abschaffung des Menschenhandels ein. Die Kaufleute, die am Sklavenhandel verdienten, protestierten heftig. Öffentliche Reden wurden gehalten, Beschlüsse der Königin zugeleitet. Der Kampf gegen die Sklaverei nahm immer weitere Formen an.

Die Regierung Englands erteilte Livingstone Forschungsaufträge und übernahm die Kosten zur Ausrüstung und Durchführung einer neuen Expedition. Denn man war in England am Zustandekommen der von ihm erschlossenen Handelswege sehr interessiert.

Um für seine Reisen ganz frei zu sein, trennte sich Livingstone von seiner Missionsgesellschaft. Er wußte, daß ihre Mittel beschränkt waren, und wollte ihr nicht mehr zur Last fallen. Er fühlte sich aber nach wie vor seinem Herrn verpflichtet. „Ich arbeite für meinen Herrn und Meister", schrieb er, „und glaube, daß alle Ihm ihre Kräfte, ein jeder nach seiner Art, widmen sollten."

Seine Frau wollte wieder mit hinaus nach Afrika. Die beiden Eheleute konnten sich zuerst nicht entschließen, die Kinder allein zurückzulassen. Schließlich nahmen sie ihren jüngsten Sohn Oswell mit und verließen am 10. März 1858 England.

Die Regierung erwartete die weitere Erforschung Ostafrikas. Dazu hatte sie den Forscher großzügig ausgerüstet.

Ein ganz moderner leichter Raddampfer wurde ihm zur Verfügung gestellt. Er war zerlegbar und befand sich wohlverstaut im Seeschiff „Pearl", das die Expedition nach Kapstadt brachte. Livingstone benannte das kleine Dampfboot nach seiner Frau, die von den Eingeborenen „Ma-Robert" (Mutter des Robert) genannt wurde.

Das Außenministerium hatte dem Forscher Anweisungen mitgegeben. Darin hieß es: „Die bereits erworbene Kenntnis von Ost- und Innerafrika soll vermehrt werden. Die Bekanntschaft mit den Eingeborenen ist zu erweitern. Man sollte sie veranlassen, sich der Berufsarbeit und der Bebauung ihres Landes zu befleißigen, damit sie Rohstoffe nach England ausführen können im Austausch gegen britische Industrie-Erzeugnisse."

Natürlich lag Livingstone darüber hinaus der weitere Bau von Missionsstationen am Herzen. Denn gerade aus dieser Arbeit heraus war ja der Plan des Handelsaustausches zur Unterbindung des Sklavenhandels entstanden.

In Kapstadt ließ Livingstone Frau und Kind zurück, damit sie vorerst bei den Großeltern Moffat in Kuruman bleiben konnten. Er selbst landete am 15. Mai mit seiner Expedition an der Sambesimündung. Dort wurden die Teile des Dampfbootes ausgeladen und zusammengesetzt. Nun dampfte die „Ma-Robert" den Sambesi aufwärts. Die Fahrt ging langsam; denn drei Tage lang mußte Holz gehauen werden, um die Dampfmaschine des Bootes zwei Tage heizen zu können.

Endlich erreichte die „Ma-Robert" mit ihrem schnaubenden und hustenden Dampfantrieb am 8. September Tete. Dort wurde Livingstone von seinen Makololo-Männern freudig begrüßt. Einige fielen ihm sogar um den Hals, während andere riefen: „Berührt ihn nicht, damit ihr ihm die neuen Kleider nicht beschmutzt!"

Der Forscher war überglücklich, wieder in Afrika zu sein. Ihn hatte das „Afrikafieber" gepackt. Er erzählt in seinem Tagebuch:

„Wenn jemand aus der gemäßigten Zone zum erstenmal in die Tropen kommt, dann gleichen seine Gefühle in mancher Beziehung denen, die der erste Mensch beim Eintritt in den Garten Eden gehabt haben mag. Er hat den Fuß in eine neue Welt gesetzt. Alles, was er sieht und hört, hat die Frische und den Reiz der Neuheit. Die Bäume und Pflanzen sind neu, die Blumen und Früchte, die Tiere, die Vögel und Insekten sind seltsam schön. Der Himmel selbst ist neu, indem er in Farben glüht oder mit Sternen funkelt, wie man sie in nördlichen Gegenden nie erblickt."

Entdeckung des Njassasees

Alle Makololo-Männer hingen nach wie vor in rührender Treue an ihrem weißen Missionar. Aber einige waren doch ganz fest entschlossen, hier im portugiesischen Gebiet zu bleiben und das in der Wartezeit Aufgebaute fest zu erwerben. Sie hatten gemerkt, daß das Leben in Anlehnung an die Vorteile der weißen Zivilisation manche Annehmlichkeiten mit sich bringt. Die meisten Makololos jedoch wollten mit zurück ins Heimatland nach Innerafrika ziehen und scheuten nicht die Strapazen des Rückweges.

Livingstone brach mit den farbigen Begleitern Mitte November 1858 auf und hatte wieder neue Entdeckungspläne. Zuerst wollte er den Schire erkunden, den großen Nebenfluß des Sambesi. Da der Sambesi wegen seiner starken Stromschnellen für die Schifffahrt nicht geeignet war, hoffte der Forscher, daß der Schire den Schiffsverkehr mit Innerafrika ermöglicht.

Und noch etwas reizte seinen Entdeckermut. Der riesige Njassasee sollte, wenn man den Vorstellungen der Portugiesen Glauben schenken konnte, in nördlicher Richtung zu finden sein. Gerüchte sprachen davon, daß der Schire der Ausfluß des gewaltigen Sees wäre. Livingstone wollte Klarheit haben.

Der portugiesische Kommandant von Tete, der sich für das Wohl des englischen Missionars mitverantwortlich fühlte, riet mit aller Entschiedenheit von dem Njassa-Plan ab. Aus der grünen Hölle am Schire wäre noch kein Weißer zurückgekehrt, meinte er.

Aber Livingstone setzte sich über alle guten Ratschläge freundlich hinweg. Er wußte sich in Gottes Hand selbst in der grünen Hölle geborgen und wollte im Vertrauen auf Gott seinen neuen Forschungszug unternehmen. Und Gott stand zu Seinem treu glaubenden Diener.

Immer wieder ging der Forscher aus schwierigen Lagen bewahrt hervor. Seine schwarzen Begleiter wußten um die Kraft des Gebets, die von dem weißen Mann ausging und sich auf sie übertrug. Konnte man einfach weglaufen und als Eingeborener vor den Gefahren der Wildnis aufgeben? Unter den ungewöhnlichen Strapazen auch dieser Schire-Expedition war die Versuchung groß, das Gepäck einfach hinzuwerfen und durchzugehen. Warum aber verließ den Missionar der Mut nie ganz?

Wußten die Farbigen, daß die tiefste Wurzel seiner Erfolge im festverankerten Gottvertrauen lag? Daß keine Zweifel je bisher so groß wurden, daß er an seinem Gott verzweifelte?

Ahnte Livingstone, daß die härtesten Glaubensprüfungen noch vor ihm lagen?

Über zwei Monate waren seit dem neuerlichen Reiseaufbruch vergangen, da entdeckte das Vorkommando der Expedition einen sumpfigen See. Alle meinten, den Rand des großen Njassasees erreicht zu haben. Aber es war eine Täuschung. Der Forscher stellte fest: „Das Wasser ist bitter und voller Blutegel, merkwürdiger Fische und Krokodile." Dazu bevölkerten eine große Anzahl Nilpferde den etwa 20 Kilometer breiten See, der seiner Länge nach nicht zu überblicken war. Livingstone hatte den Schirwasee entdeckt.

Die Eingeborenen, die ihre Hütten in der Gegend

aufgeschlagen hatten, erzählten durch Zeichensprache, daß nordwärts ein viel größerer See zu finden wäre. Sollte das der Njassa sein?

Ohne großen Aufenthalt brach die Expedition wieder auf, um dem Geheimnis des Njassasees auf die Spur zu kommen.

Täglich bestimmte Livingstone mit Hilfe seines Sextanten den genauen Standort. Dadurch konnte er in der unerforschten Wildnis die Marschrichtung und den Fortgang der Expedition prüfen.

Am 16. September 1859 aber dämmerte der große Freudentag der Entdeckung des glänzenden Njassasees herauf. Die aufgehende Sonne beschien die weite Wasserfläche. Leider wurde die Fernsicht durch Rauch von Grasbränden behindert. Heute wissen wir, daß der See in der Mitte 50 Kilometer breit ist und sich über die Länge von 500 Kilometern hinzieht. Soweit die Ränder zu erkennen waren, säumten ihn hohe Berge.

Livingstone stand allerdings nicht als erster Europäer an diesem See. Vor ihm hatten schon Portugiesen den Njassa gefunden, doch ihre Entdeckung wurde nicht weiter bekannt. So kann Livingstone trotzdem als Entdecker dieses großen afrikanischen Sees gelten.

Der Forschermissionar verfaßte am Ufer einen ausführlichen Bericht für die englische Regierung und versuchte, den zunächst feindselig eingestellten Eingeborenen näherzukommen. In seinem Bericht schlug er die Gründung einer großen Missionsstation am See vor und dachte daran, daß man von einem solchen vorgeschobenen Posten aus die frohe Botschaft weiter ins Land hineintragen konnte; denn zahlreiche Schwarze kamen immer wieder hierher. Sie könnten die Nachricht mit in ihre Lande rings um den wunderschönen Njassasee nehmen.

Das waren Pläne für die Zukunft. Aber die Missionare kamen – wenn auch viel später, als Livingstone damals gehofft hatte.

Am Njassasee erfuhr der Missionar auch den Grund der feindlichen Haltung der Stämme ringsum. Hier lief einer der bedeutendsten Sklavenwege aus dem Innern vorüber. Deshalb hatten die Eingeborenen in der Expedition zuerst eine verkappte Sklavenhändlerbande vermutet. Der verruchte Sklavenhandel zeigte sich hier in der scheußlichsten Form. Livingstone schrieb seiner Regierung:

„Nur ein kleiner Teil wird aus dem Land herausgebracht und verkauft. Außer denen, die man fesselt und gefangennimmt, werden Tausende umgebracht oder sterben, auch wenn sie den Feuerüberfall gegen ihr Dorf überlebten, an Hunger und Verletzungen. Tausende kommen auch in den mörderischen Kriegen der Stämme um, die geführt werden, weil die Sklavenhändler Geld für Gefangene versprachen. Die eigenen Stammesgenossen werden nicht selten gegen Gewinn verschachert. Die vielen Gerippe, die wir hier fanden, bezeugen die furchtbaren Opfer an Menschenleben, die man mittel- oder unmittelbar diesem Höllenhandel zuschreiben muß."

Livingstone machte sich sehr bald auf den Rückweg, um den Eingeborenen zu zeigen, daß er keinesfalls als Sklavenjäger kam. Nach vierzig Marschtagen gelangte er mit seinen Begleitern wieder zur „Ma-Robert", die er am Schire mit der Besatzung zurückgelassen hatte.

Die Gesundheit der Expeditionsteilnehmer war allerdings sehr mitgenommen. Durch Unvorsichtigkeit des Kochs hatten sie sich beim Essen von Kassava eine Vergiftung zugezogen. Dieser Wurzel muß erst der Giftsaft entzogen werden, bevor sie genießbar ist.

Trotz dieses Zwischenfalls konnte Livingstone mit seiner Expedition schließlich aufbrechen, um den Schire abwärts wieder zum Sambesi zu kommen.

Auf seinem Erkundungsmarsch zum Njassasee hatte der Forscher festgestellt, daß der Schire besonders an seinem Oberlauf zahlreiche Wasserfälle und Stromschnellen aufweist, die ihn für Schiffe unpassierbar machen. Als Verkehrsweg nach Innerafrika kam der Schire also auch nicht in Frage. Das war ein Wermuttropfen in den Becher der Freude über die neuen Entdeckungen.

Nun wollte Livingstone seine Makololos in ihre Heimat bringen, wie er es ihnen zugesagt hatte.

Der Tod greift ein

David Livingstone hielt sein Versprechen. Unbeschreiblich war der Jubel, als die zurückgeführten Makololo-Träger in ihrer Heimat wieder eintrafen. König Sekeletu hatte seinen Regierungssitz nach Sescheke am Sambesi verlegt und war leider an Aussatz erkrankt. Wie freute er sich, daß jetzt sein „Vater", der weiße Doktor, wiederkam. Trotz der Hungersnot, die hier wegen einer Dürre herrschte, bewies der schwarze Herrscher seine Freude und Verehrung gegenüber dem Missionar und schenkte ihm einen fetten Ochsen zum Schlachten. Den ganzen Tag über strömten Scharen von schwarzen Besuchern in Livingstones Hütte, um ihn freudig zu begrüßen.

Zum Gottesdienst kam auch ein Batoka-Häuptling mit mehreren seiner Leute. Sie hörten schweigend zu, wie der Missionar das Wort Gottes in der Makololosprache verkündigte. Fast alle lernten das Vaterunser und das Glaubensbekenntnis in ihrer eigenen Sprache auswendig.

In Linjanti machte der Forscher einen kurzen Besuch. Der alte Ausrufer lief durch den Ort und schrie: „Ich habe geträumt! Ich habe geträumt! Ihr Leute, öffnet eure Herzen und glaubt alle Worte des Missionars, denn sein Herz ist den Makololo gegenüber weiß wie Milch. Ich träumte, daß er kommen wird und daß unser Stamm erhalten bleibt, wenn ihr zu Gott betet und die Worte des Missionars befolgt."

Alles war erfreut über seine Ankunft. Zur Feier des Tages kochten die Frauen Rindfleisch und bereiteten kleine Kuchen.

Livingstones Wagen, den er vor drei Jahren hier zurückließ, stand noch am gleichen Platz. Nichts fehlte, nur das Dach war morsch und ein Rad von weißen Ameisen zerfressen. Der Missionar holte seine Arzneien heraus und machte sich auf den Rückweg nach Sescheke.

Sekeletus Gesundheit besserte sich, während ihn der weiße Doktor behandelte. Seine Schwermut verließ ihn; er wurde heiterer. Den Forscher aber hielt es nicht lange in Sescheke, denn er erwartete im November an der Sambesimündung einen neuen Dampfer. Er sah noch wichtige Aufgaben vor sich.

Ende November 1860 kam Livingstone wieder in Tete an, wo er die „Ma-Robert" bestieg und den Sambesi abwärts fuhr. Es war ein schweres Stück Arbeit, das schon oft ausgebesserte Schiff über Wasser zu halten. Jeden Tag zeigten sich neue Löcher in der rostigen Schiffswand, die mühsam geflickt werden mußten. Am 21. Dezember geriet der Dampfer auf eine Sandbank, lief voll Wasser und war nicht mehr zu retten.

Bis zur Sambesimündung wurde die Reise in Kanus fortgesetzt. Dort traf am 31. Januar 1861 das neue Dampfboot „Pionier" aus England ein. Kurz danach kamen zwei englische Schiffe mit einer Gruppe Missionare. Unter Führung ihres Bischofs Mackenzie hatten sie den Auftrag, „Stationen in Innerafrika zu gründen".

Bald erkrankten die meisten, so daß Livingstone mit ihnen auf dem „Pionier" hinaus in die frische Seeluft fuhr bis zu den Komoreninseln. Erst im Juni

Der Raddampfer „Pionier" vor Quelimane.
Livingstone erhielt ihn für seine Forschungsaufträge von der englischen Regierung

kehrten sie zum Sambesi zurück und gingen eine Strecke den Schire aufwärts an Land.

Voller Entrüstung begegneten die neu Angekommenen einer Sklavenkarawane. Durch Überraschung schlugen sie die Bewacher in die Flucht und machten 84 Männer und Frauen von den Fesseln los.

Auf einer Hochebene fanden dann die Missionare einen günstigen Platz und errichteten eine Missionsstation. Nun trennte sich Livingstone von ihnen und wandte sich wieder dem Schire zu.

Von hier aus startete er eine neue Expedition zum Njassasee. Zu seiner Ausrüstung gehörte ein vierruderiges Boot, das von einer Schar Eingeborener über 60 Kilometer weit auf dem Land weitergeschleppt werden mußte, weil zahlreiche Wasserfälle die Fahrt auf dem Schire unmöglich machten.

Am Njassasee gab es noch viel Forschungsneuland. Livingstone wollte die genauen Ausmaße des Sees erkunden und zuverlässige Karten für London anfertigen. Als die Marschvorräte aufgebraucht waren, mußte die Expedition wieder umkehren. Am 8. November 1861 erreichte die Forschungsgruppe den „Pionier" auf dem Schire, nachdem sie fast ein Vierteljahr zur Erforschung des Njassa unterwegs war. „Wir hatten auf dieser Reise mehr als auf einer anderen gehungert", berichtet Livingstone, „deshalb waren wir in sehr schlechter Verfassung."

Dafür erwartete nun den Forscher eine doppelte Freude. Mit dem „Pionier" fuhr er zur Sambesimündung einem englischen Schiff entgegen, das ihm angekündigt worden war. Als beide Schiffe sich begegneten, ließ der englische Kapitän mit Winkerflaggen herüberwinken: „Habe Dampfboot und Frau an Bord." Livingstone antwortete: „Meinen besten

Dank!" – „Das war die erfreulichste Unterhaltung, die ich seit langem hatte", meinte der Forscher.

Für die Eheleute war die Freude des Wiedersehens groß. Dazu erhielt Livingstone sein neues, eigenes Schiff, das er sich von dem Geld für sein Buch „Missionsreisen" bauen ließ. In Stücke zerlegt, war es aus England gekommen und wurde nun ausgeladen.

Da traf die Nachricht ein, daß Bischof Mackenzie am Fieber starb. Bald darauf folgten ihm drei andere Missionare nach. Die wenigen Europäer, die von der Gruppe übrigblieben, gingen wieder zurück in ein gemäßigtes Klima. So hatte das mit großen Hoffnungen begonnene Missionsunternehmen sein Ende erreicht.

Als Livingstone den Sambesi aufwärts reiste, erlitt seine Frau einen erneuten Fieberanfall – die Krankheit, die sie schon früher durchmachen mußte.

Er betete um ihre Genesung. Aber Gott hatte es anders beschlossen und legte damit Seinem Werkzeug David Livingstone wohl die schwerste Treueprüfung auf.

Immer wieder suchte der Missionar in der Heiligen Schrift Antwort auf alle bangen Fragen.

In Fieberträumen schrie die kranke Mutter nach ihren fernen Kindern, während ihr Mann als Arzt alles daransetzte, ihr zu helfen. Doch die stärksten Arzneien vermochten nicht das Fieber zu brechen.

Livingstone rang mit Gott um seine geliebte Frau, die kein Opfer gescheut hatte und geduldig und mutig alle Strapazen an seiner Seite auf sich nahm, die sich ihrem Mann zuliebe sogar von den Kindern in England losgerissen hatte.

Gott schwieg auf die Gebete des Missionars. Er lichtete das Dunkel nicht.

Livingstone las: „Welchen der Herr liebhat, den züchtigt Er."

Nach durchrungener Nacht ging seine Frau heim.

Wie oft hatte der Forscher dem Tod ins Angesicht geschaut, wie vielen Gefahren hatte er die Stirn geboten! Aber jetzt war er völlig gebrochen und weinte wie ein Kind. Ihr Tod war ihm unfaßbar: „Es ist der schwerste Schlag, der mich traf."

In Schupanga am Sambesi bettete er sie unter einem Baobab-Baum in afrikanische Erde. Nun konnte er den Kindern die Mutter nicht mehr heimbringen nach England.

Rückschläge

Dann raffte der rastlose Forscher alle verbliebene Kraft zusammen und rüstete sich wieder zu einer Entdeckungsfahrt. Zuerst wurde sein neuer Dampfer zusammengesetzt. Er erhielt den Namen „Lady Nyassa" (Frau Njassa) und lief am 23. Juni 1862 bei Schupanga vom Stapel. Viele Eingeborene waren hergekommen, um das Wunder zu sehen, wie ein eisernes Schiff auf dem Wasser schwimmen könne.

Am 10. Januar 1863 nahm der „Pionier" die „Lady Nyassa" in Schlepp den Schire aufwärts. Was für ein Unheil hatte die Sklavenjägerei inzwischen hier angerichtet!

„Bald stießen wir auf die Verwüstungen des berüchtigten Sklavenjägers Mariano", berichtet Livingstone. „Die wenigen Leute in den kleinen Dörfern waren am Verhungern, ihrer Ernten und Vorräte beraubt. Leichname schwammen täglich an uns vorüber. Morgens mußten wir die Schaufelräder des Raddampfers von Leichen frei machen, die nachts von den Schaufeln erfaßt wurden. Weite Landstriche waren völlig entvölkert, die einst belebten Flußufer jetzt totenstill. Immer wieder der Anblick und der Geruch von Leichen! Vor eineinhalb Jahren war dieses Tal gut bevölkert und jetzt buchstäblich mit Menschengebeinen übersät ... Wenn nicht der Sklavenhandel – diese ungeheure Grausamkeit, die schon so lange in Afrika wütet – endlich zerdrückt wird, kann ein ordnungsgemäßer Handel nicht aufkommen."

Im März sank der Wasserstand des Schire, und die

Dampfer konnten nicht weiter. Unter den Expeditionsteilnehmern brachen Fieber und Ruhr aus, so daß die Wiederherstellung der Kranken abgewartet werden mußte.

Da erhielt Livingstone am 2. Juli die amtliche englische Nachricht, er solle seine Expedition abbrechen. Ab 31. Dezember 1863 wären sämtliche Mittel für ihn gesperrt.

Der Forscher war wie vor den Kopf geschlagen.

Die erschreckende Kunde vom Scheitern des englischen Missionsunternehmens hatte in England eine Welle der Empörung ausgelöst. Man schob Livingstone, dem bis dahin hochgeehrten Forscher und Missionar, die Schuld zu. Die Zeitungen schrieben, seine Berichte seien zu harmlos und schönfärberisch gewesen. Die Missionare wären unter falschen Voraussetzungen nach Afrika gelockt worden.

Die Berichte Livingstones entbehrten einer gewissen romantischen Note durchaus nicht, was aber darauf zurückzuführen war, daß der Missionar sich zu Recht als „alter Afrikaner" in Afrika zu Hause fühlte und mit den Schwierigkeiten aufgrund seiner Erfahrungen fertig wurde.

Die Ergebnisse der Expedition waren der Regierung zu gering und die Kosten zu hoch. So ließ sie sich von ungünstigen Stimmen beeinflussen und sagte kurzerhand ab.

Dieser Rückschlag kam völlig unerwartet und setzte dem nimmermüden Forscher sehr zu. Wie sollte er seine Forschungen ohne Mittel fortsetzen können? In den schweren Stunden seiner Niedergeschlagenheit suchte er Zuflucht in Gottes Wort und im Gebet.

Die noch zur Verfügung stehende Zeit vor Jahresschluß wollte Livingstone bis zuletzt für seine Forschungsarbeit ausnutzen. So brach er zu einem Erkundungsvorstoß in das Gebiet westlich des Njassasees auf. Dabei wurden einige seiner Begleiter krank. Ein Mann erlag dem tropischen Klima, ein anderer war so elend, daß er dem Tod nahe schien. Dazu ging die Verpflegung aus, und selbst zu hohen Preisen waren keine brauchbaren Lebensmittel aufzutreiben; denn in der Nähe wüteten Sklavenkriege.

„Doch", schrieb Livingstone, „weder Mangel an Nahrung, noch Krankheit oder Sklavenkriege würden mich abgehalten haben, mein Werk, die Erforschung des ganzen Gebietes um den Njassasee, dennoch auszuführen, wenn nicht die bestimmte Anordnung des Ministeriums vorgelegen hätte, die mich zur Umkehr zwang."

Ende September mußte Livingstone auf weiteres Vordringen verzichten und kehrte zum Schire zurück. Nun begann die Regenzeit; der Schire schwoll an, und am 19. Januar 1864 fuhren die beiden Dampfer flußabwärts.

Am 13. Februar erreichte die Expedition die Sambesimündung. Dort nahm ein englischer Kreuzer die „Lady Nyassa" in Schlepp.

Plötzlich brach ein Orkan aus und wühlte die See auf. Das Schleppseil riß, und das kleine Dampfboot war dem Untergang nahe. Mit Mühe wurde ein neues Schleppseil angebracht, und der Kreuzer brachte die „Lady Nyassa" nach dem portugiesischen Hafen Mozambique. Hier reinigte Livingstone mit seinen Leuten den kleinen Dampfer und überholte ihn.

Er hatte vor, sein Dampfboot zu verkaufen, um die notwendigsten Mittel für die kommende Zeit dabei herauszuschlagen. Die Portugiesen boten ihm für das praktische Fahrzeug viel Geld. Aber Livingstone lehnte ab. Unter gar keinen Umständen wollte er seinen Dampfer den Befürwortern des Sklavenhandels überlassen.

Dann fuhr er mit der „Lady Nyassa" nach Sansibar, wo Sklavenhändler das Boot gut bezahlen wollten. Aber Livingstone dachte nicht daran, es ihnen zu verkaufen. „Lieber sehe ich es in die Tiefe des Meeres versinken", schrieb er.

So entschloß er sich, mit seinem kleinen Dampfboot die Überquerung des Indischen Ozeans zu wagen. Am 30. April verließ er Sansibar und lief nach einer abenteuerlichen Seefahrt am 11. Juni im Hafen von Bombay ein. Hier in Indien hoffte er, seine „Lady Nyassa" zu einem guten Preis absetzen zu können. Er wurde aber das Dampfboot nicht los.

Da ließ er kurzerhand die „Lady Nyassa" in Bombay zurück, borgte sich derweil das Reisegeld und fuhr nach England.

Neue Forschungspläne bewegten schon wieder den rastlosen Entdecker. Die letzte Expedition ging unglücklich aus, und Livingstone mußte viele Fehlschläge einstecken. Aber er ließ sich dadurch nicht unterkriegen und plante nun, die Nilquellen zu finden. Wie sollte er aber eine neue Expedition ausrüsten ohne die notwendigen Mittel?

Wo liegen die Nilquellen?

Der Empfang in England war freundlicher, als Livingstone erwartet hatte. Seine bescheidene, anspruchslose Art gewann ihm neue Freunde. Er erhielt wieder die verschiedensten Einladungen, von seinen Forschungsreisen zu berichten. Dabei sprach er als Augenzeuge von den Untaten, die die Sklavenjäger an den schwarzen Menschen begingen.

Eine Freude war es für Livingstone, seine alte Mutter wiederzusehen und seine Kinder, die inzwischen herangewachsen waren. Seine Jüngste, die sechsjährige Anna Maria, sah er überhaupt zum erstenmal.

Ein Freund lud ihn dann auf seinen Landsitz ein. Dort schrieb er ein Buch über seine Reisen. Er machte sich Wahrhaftigkeit zur obersten Pflicht. Ein Verleger fand sich, der darauf hoffte, mit den Reiseerlebnissen des weitgereisten Forschers ein Geschäft zu machen. Und er hatte richtig getippt. Livingstones neuer Reisebericht „Der Sambesi und seine Nebenflüsse" wurde ein Erfolg nicht nur äußerlicher Art. Dem gedruckten Wort spürte man die innere Wahrhaftigkeit des Schreibers ab. Die Öffentlichkeit nahm lebhaft Anteil.

Aufs neue verlieh ihm die Regierung den Titel eines englischen Konsuls bei den unabhängigen Negervölkern Ostafrikas. Außerdem gab sie dem Forscher einen Beitrag zur Ausrüstung einer neuen Expedition. Dazu spendete ein Freund einen namhaften Betrag.

Hier in England hatte der Missionar eine schmerzliche Nachricht erhalten. Sein ältester Sohn Robert kämpfte in Nordamerika gegen die Sklaverei, wurde verwundet und starb als Neunzehnjähriger. Nun zog es den Vater um so mächtiger wieder hinaus nach Afrika. Er wollte seinen Teil dazu beitragen, daß dem Sklavenhandel endlich das Handwerk gelegt wurde. Er mußte ganz einfach wieder hinüberfahren; denn er liebte den Schwarzen Erdteil viel zu sehr. In über zwei Jahrzehnten war ihm Afrika zur zweiten Heimat geworden.

Die letzte Expedition begann. Livingstones Ziel war diesmal das größte, das ein Afrikaforscher anstreben konnte: Er wollte den Zusammenhang des Nil, Kongo und Sambesi mit dem Gebiet der großen Seen feststellen und die Nilquellen finden. Doch er schrieb: „Ich könnte mich nicht damit abfinden, bloß als Forscher zu reisen, sondern werde beides treiben, Mission und Forschung."

Ahnte Livingstone, daß es seine letzte Afrikareise war, als er mit seiner Expedition bei der Mündung des Rovuma landete und am 4. April 1866 aufbrach, um seiner Berufung und seinem Forscherdrang nachgehen zu dürfen?

In mühsamen, kleinen Reiseabschnitten ging es durch Sümpfe, durch Urwald und Buschland, durch Dornen und schier undurchdringliches Gestrüpp mühselig, aber stetig weiter nach Westen, ins Herz des Schwarzen Erdteils hinein. Die Lande waren beinahe menschenleer. So furchtbar hatten die Sklavenjäger inzwischen gewütet. Ganze Schiffsladungen voll Menschen waren zu den amerikanischen Pflanzungen transportiert worden.

Dort lernten die armen Negersklaven die Peitsche

des weißen Mannes und viele auch den lebendigen Gott kennen, was sich beides in den ergreifenden Erlösungsliedern, den „spirituals", niederschlug. Im Spiritual lebt die Musik und Rhythmik des Urwaldes, der nächtlichen Feuer Afrikas und die Erlösungssehnsucht mit den erschütternden Gebeten zu Gott um Errettung noch heute fort. Gott ließ sich selbst in der Hölle der Sklaverei nicht verdrängen, sondern vollendete auch da Sein Erlösungswerk.

Viele Neger kamen in der Sklaverei zum Glauben an den Sohn Gottes, an Jesus. Die Mose- und Volk-Israel-Geschichten, das große Leideslied eines Hiob wurden zum Inbegriff der Glaubenssehnsucht der gemarterten Negersklaven, weit weg von der Erde Afrikas im fernen Amerika.

Livingstone kämpfte einen scheinbar aussichtslosen Kampf für Abschaffung der Sklaverei gegen die Übermacht der reich gewordenen Sklavenjäger, jener menschlichen Hyänen Afrikas.

Die letzten Bewohner vieler Negerdörfer hatten sich in den Dschungel verkrochen, um vor den wüsten Nachstellungen der Menschenjäger sicher zu sein. Livingstone aber hatte persönlich gespürt und erfahren, daß Gott geschlagene Menschen nicht allein läßt.

Eine große Freude war es für den Forscher, als er endlich am Njassasee ankam. „Mir war zumute", so berichtet er, „als sei ich in eine liebe alte Heimat zurückgekehrt. Welch ein Genuß, das Rauschen der Wellen zu hören und in dem erfrischenden Wasser zu baden!"

Aber er bekam keine Boote zur Überfahrt über den See. Die arabischen Sklavenhändler dachten, er wolle ihre Boote nur wegnehmen und niederbrennen. Auf das bloße Gerücht hin, ein Engländer sei im

Land, gingen ihm die Karawanen meilenweit aus dem Weg. Dadurch konnte er in dem verarmten Land bei den durchreisenden Händlerkarawanen seine Nahrungsmittel nicht ergänzen.

So blieb ihm nur ein Ausweg. Er mußte den langgestreckten See auf einem großen Umweg südlich umgehen, um nach Nordwesten in das Gebiet zu kommen, wo er die Nilquellen suchen wollte.

Auf dem anstrengenden Marsch über Höhenketten und durch Talschluchten mußten manchmal reißende breite Wildbäche überschritten werden. Am Südende des Njassasees machte die Expedition bei einem Negerdorf halt. Dort wurde Musa, ein Anführer von Livingstones Trägern, von einem durchziehenden Araber vor den wilden Masitu-Negern gewarnt.

„Der Weg, den der Doktor gehen will", meinte der Araber, „führt durch das Land, das die Masitu beherrschen. Sie werden euch alle erschlagen."

Musa geriet dadurch so in Furcht, daß er mit neun seiner Gefährten den Forscher im Stich ließ. Sie verschwanden im Urwald. Dabei hatten sie wichtige Teile der Ausrüstung und Nahrung mitgehen lassen.

Aber unbeirrbar setzte Livingstone seine Forschungsreise in die afrikanische Wildnis fort. Schon früher hatte er oft hungern müssen. Jetzt waren Pilze, die an Baumwurzeln wucherten, manchmal seine einzige Nahrung. „Ich schnallte meinen Gürtel drei Löcher enger, um den Hunger nicht zu spüren", schrieb er in sein Tagebuch.

Trotzdem vertraute er dem himmlischen Vater: „Sagt der Herr uns nicht: kein Sperling fällt auf die Erde ohne den Willen des Vaters? Er sorgt für unsere geringsten Bedürfnisse. Mit diesen treuen Augen über mir kann ich sicher mein Ziel verfolgen und unter die Heiden gehen, um ihnen die Botschaft des Friedens zu bringen."

Nun erstieg die Expedition im Westen des Sees schwer zugängliche Gebirgszüge und durchquerte in den Tälern Flüsse und Sümpfe. In einer Gegend gab es als Verpflegung fast nur afrikanischen Mais. Von den harten Körnern schmerzten Livingstones Zähne und lockerten sich. Da nahm er starken Zwirn, befestigte ihn am Zahn und band das andere Ende an einen Baumast. Dann schlug er mit einem Stock auf den Faden, und der Zahn baumelte daran. So riß sich Livingstone viele Zähne aus, bis er nur noch wenige hatte.

Bei dem aufreibenden Nahrungsmangel gingen wieder zwei Träger durch. Sie nahmen notwendige Lebensmittel und alle Kochgeräte mit, besonders aber die Reiseapotheke. Dadurch verlor Livingstone alles Chinin, das in diesen fieberverseuchten Tropengebieten lebenswichtig war. „Es kam mir vor", schrieb er, „als wäre mir das Todesurteil gesprochen."

Nun packte den weißen Missionar wieder das Sumpffieber. Die letzten Träger sagten: „Er hat Wasser im Gehirn und spricht mit Geistern." Ohne das helfende Chinin schleppte er sich mit großer Anstrengung weiter. Die Fieberfröste der Malaria schüttelten ihn, daß ihm die Zähne klapperten.

Dennoch erreichte er mit seiner Schar Ende März 1867 den Tanganjikasee. Von einer Höhe erblickten sie das blaue Wasser des Sees, der zwischen steilen Berghängen lag — ein Lichtblick für alle. Nach den durchgemachten Strapazen brach unter den schwarzen Gefährten geradezu ein Jubel aus, daß sie Freudenschüsse abfeuerten.

Schon vor der Ankunft am See hatte sich der Forscher nur mit Aufbietung seiner letzten Kraft aufrechterhalten. Hier wurde er plötzlich vor seinem Zelt ohnmächtig, stürzte mit dem Kopf auf eine Kiste und blieb bewußtlos liegen. Seine wenigen getreuen Begleiter trugen ihn in das Zelt und pflegten ihn.

Dieser Fieberanfall war um so gefährlicher, weil alle Arznei fehlte. Doch durch Gottes Hilfe überstand Livingstone die Lebensgefahr und konnte sich langsam wieder erholen.

Ein Sklavenhändler erbarmt sich

Der Forschermissionar gab nicht auf. Wie früher, wenn es nicht mehr weitergehen wollte, rief er sich zu: „Vorwärts!"

Noch schwach vom Fieber, zog er nach einem Monat schon wieder los Richtung Westen und entdeckte im November den Merusee. Er fand den Luvua, ein breiter Strom, der im Norden aus dem See fließt. Im Süden, wo er in den See mündet, heißt er Luapula. Die Eingeborenen berichteten, daß der Luapula aus einem großen See noch weiter südlich komme.

Was war das für ein See? Livingstone drängte es, ihn aufzusuchen.

Da weigerten sich seine schwarzen Gefährten weiterzuziehen. Sie erklärten: „Hast du einen See gefunden, dann sagst du: Ich muß noch einen finden. Wir sind nun müde."

Der Forscher aber blieb fest und antwortete: „Ich gehe weiter. Wer zurückbleiben will, mag es tun." Und er brach nach Süden auf. Nicht einmal die Fieberkrankheit konnte seinen Missions- und Forscherdrang zerstören. Innerlich war der Mann, der rein äußerlich nur noch ein Nervenbündel, ein Wrack darstellte, ungebrochen in seiner Glaubenskraft und in seinem Vorwärtsdrängen. Das gab den vier letzten Begleitern, die noch bei ihm aushielten, neuen Mut.

In einem Dorf traf Livingstone Mohammed Bogharib, einen arabischen Händler. Von ihm erhielt er neue Verpflegung und konnte seinen Marsch zu dem unbekannten See fortsetzen.

„Am 18. Juli ging ich ein Stück vom Weg ab und erblickte zum erstenmal das Seeufer, dankbar, daß ich gut hierherkam", schrieb er in sein Tagebuch. Was für eine Entdeckerfreude liegt in den knappen Worten! Der Forscher stand als erster Weißer am Bangweolosee.

Mit Mühe gelang es ihm, ein Boot und Ruderer zu bekommen, um einige Inseln in dem unübersehbar großen meergrünen See zu besuchen. Dieses verlandende Gewässer war stellenweise flach und mußte durchwatet werden. Da sogen sich viele Blutegel an Livingstones Haut fest. Sie ließen nicht los, eher rissen sie auseinander, wenn er sie mit den Fingern wegziehen wollte.

Nun wandte er sich wieder dem Tanganjikasee zu. Vor anderthalb Jahren hatte er einer Karawane Briefe nach England mitgegeben. In denen bat er um neue Vorräte, besonders Arznei, nach Udjidji am Ostufer des Tanganjika. Aber das war vom Bangweolosee noch weit entfernt.

Und wieder brach das Fieber mit ungebrochener Heftigkeit aus. Dazu kam eine Lungenentzündung mit Husten und Blutspucken. Livingstone mußte getragen werden und war ganz auf die Hilfe seiner Begleiter angewiesen.

Mit zitternder Hand und fliegenden Buchstaben setzte er seine teilweise nahezu unleserlich gewordenen Tagebucheintragungen fort. Zeitweilig mußte er sie unterbrechen. Den spärlichen Notizen ist heute kaum abzuspüren, was der Forscher und seine Begleiter damals durchmachten.

Auf dem Marsch stieß die kleine Gruppe auf Araber, die mit ihrer Karawane auch zum Tanganjikasee wollten. Unter ihnen befand sich Mohammed Bogharib, der dem schwerkranken Forscher freundschaftlich half. Er gab ihm Chinin und einige Vorräte und ließ ihn sogar von seinen eigenen Leuten auf einer Bahre tragen.

Wie unerklärlich sind Gottes Wege: Der todkranke Vorkämpfer gegen die Sklaverei hatte das Herz eines Sklavenhändlers gerührt! So rauh der Araber mit seinen Sklaven umging, so hilfsbereit und freundlich sorgte er für Livingstone.

Sechs Wochen lang zog die Karawane durch Bergland, steile Schluchten hinauf, abschüssige Hänge hinab, durch Flüsse und Urwald. Das war für den Kranken auf der Trage eine Strapaze. Endlich stiegen sie die Berghalden am Tanganjika abwärts zum See. Die Araber besorgten für Livingstone ein Kanu, und seine Begleiter ruderten ihn am Westufer nach Norden. Bei hereinbrechenden Stürmen mußten sie an Land gehen. Nach tagelanger Fahrt überquerten sie den See. Sturmgefahr machte die Überfahrt zu einem Wagnis.

Krank und fast nur noch „Haut und Knochen", erreichte Livingstone am 14. März 1869 Udjidji. Hier an dieser Karawanenstation hoffte er die angeforderten Vorräte zu finden, aber die Araber hatten das meiste veruntreut. Nur etwas Tee, Kaffee und Zucker, Tuch und einige Perlen waren übriggeblieben.

Die zerrüttete Gesundheit des Forschers besserte sich nur langsam. Trotzdem beschäftigte er sich schon wieder mit neuen Plänen.

In das unerforschte Manjemaland westlich des Tanganjika wollte er vordringen. Er hörte, dort würde ein breiter Strom, der Lualaba, nach Norden fließen. Sollte das etwa der Nil oder der Kongo sein? Araber erzählten, da gäbe es Menschenfresser.

Livingstone wollte sich durch eigene Forschung Klarheit verschaffen und endlich den Nilquellen auf die Spur kommen. So raffte er sich auf und fuhr mit seinen Begleitern im Kanu über den See. Nach einer angestrengten Nachtfahrt landeten sie am Morgen auf einer Insel, machten Feuer und kochten ab. Dann steuerten sie ein andere Insel an und erreichten schließlich das westliche Seeufer. Dort zogen sie nach Westen, um den unbekannten Strom zu finden.

Nach zwei vergeblichen Erkundungszügen durch das gebirgige, teils mit Urwald bedeckte Land war Livingstone völlig erschöpft. Er wurde krank und mußte monatelang in einem Negerdorf bleiben.

Beim dritten Vorstoß zum Lualaba begleiteten ihn nur noch drei seiner schwarzen Gefährten, Susi, Tschuma und Gardener; die anderen hatten ihn verlassen. Da bekam er durch vieles Waten im Sumpf an den Füßen schmerzhafte Eitergeschwüre und konnte achtzig Tage lang nicht mehr weiter.

Dennoch gab der Forscher nicht auf. Im Februar 1871 drang er durch ein anderes Gebiet zum Lualaba und erreichte den Strom bei dem Negerdorf Njangwe.

Eines Tages waren auf dem Marktplatz von Njangwe etwa 1500 Neger beieinander. Viele kamen aus den Nachbarorten, teils vom anderen Flußufer, um ihre Waren zu verkaufen. Plötzlich schossen arabische Sklavenhändler mit ihren Leuten mitten in die dichtgedrängten Scharen. Sie hatten das Dorf umstellt, so daß die Schwarzen in wilder Flucht an den Fluß zu den Booten rannten. Viele stürzten getroffen zu Boden, andere ertranken im Fluß, weil die zusammengedrängten Kanus nicht so schnell frei gemacht werden konnten und zum Teil umschlugen. Eine große Schar suchte durch Schwimmen die weit entfernten Inseln zu erreichen. Die meisten wurden aber durch die Strömung fortgetrieben oder fielen den nachgesandten Kugeln zum Opfer. Männer, Frauen und Kinder, die nicht schnell genug fliehen konnten, wurden gefesselt und als Sklaven abgeführt. Etwa 400 Menschen kamen ums Leben. Dazu wurden am nächsten Tag noch 27 Dörfer niedergebrannt.

Über dieses Blutbad war Livingstone so empört, daß er sich von den Arabern trennte und den Rückmarsch antrat, ohne den Flußlauf weiter erforscht zu haben.

Die Freundlichkeit der Einheimischen gegenüber Fremden schlug in Haß um. Sie waren besonders erbittert, daß auch viele Frauen niedergemetzelt wurden, und versuchten, ihre getöteten Stammesangehörigen zu rächen. Dadurch geriet Livingstone in große Gefahr.

Auf einem schmalen Pfad durch dichten Urwald flog plötzlich ein Speer aus nächster Nähe gegen ihn und streifte seinen Hals, ein zweiter schlug vor ihm auf den Boden.

„Fünf Stunden zogen wir wie durch eine Spießrutengasse", berichtet er. „Wir blickten auf jede Lücke in dem dichten Buschwerk, ob nicht eine Lanzenspitze herausschaute. Bei jedem Rascheln in den Zweigen waren wir gefaßt, daß wieder eine der todbringenden Waffen gegen uns geschleudert wurde. Diese ständige Lebensgefahr machte mich ganz matt, daß es mir ging, wie wohl manchem Soldaten in der Schlacht: es war mir zuletzt einerlei, ob ich sterbe oder nicht."

Gott bewahrte ihn, und er kam durch. Ohne ernsthaften Schaden gelangte er nach einem abenteuerlichen Marsch wieder an den Tanganjikasee.

Lange Krankheit und vielerlei Bedrängnis hatten dem Forscher auf der Expeditionsreise schwer zugesetzt. In seinen oft verzweifelten Nöten griff er zum Wort Gottes, seinem einzigen Freund, der ihn stärken und aufrichten konnte. „Solange ich in diesem Land lebte", schrieb er, „habe ich meine Bibel viermal durchgelesen."

Diese Zeit war vergangen, ohne daß die Außenwelt von ihm gehört hatte. Am 23. Oktober 1871 kam er in Udjidji an, abgemagert und völlig entkräftet. Die ersehnten Vorräte waren inzwischen eingetroffen, aber sämtlich unterschlagen worden. Der verausgabte Forscher wußte nun nicht mehr, wie er weiterleben sollte.

„In meinem Elend", schrieb er, „kam ich mir vor wie der Mann, der unter die Mörder fiel. Ich hoffte nicht, daß ein Priester oder Levit kommen würde, viel weniger ein barmherziger Samariter. Als ich am verzagtesten, war der barmherzige Samariter schon ganz in meiner Nähe."

Weltweites Zwischenspiel

Als Musa und die neun anderen Träger am Njassasee meuterten und mit Verpflegung und wichtiger Expeditionsausrüstung davonliefen, waren sie fest davon überzeugt, daß der Missionar im Urwald umkommen würde. Aber mußte man dann nicht ihnen, die ihn feige verlassen und beraubt hatten, die Schuld daran aufbürden? War der weiße Mann nicht mächtig und hatte viele Freunde, die ihn suchen und nach seinem Verbleib fragen würden?

Sie einigten sich auf ein harmlos und für sie unverfänglich klingendes Lügenmärchen und marschierten in Richtung Küste zurück. Dabei verbreiteten sie unterwegs, der weiße Missionar wäre von einer Bande wilder Masitu-Neger überfallen und ausgeplündert worden. Sie wären als einzige Überlebende geflohen, um Hilfe zu holen. Der Missionar aber wäre in die Hände der wilden Masitu gefallen. Ob er am Leben geblieben, sei höchst ungewiß. Man weiß doch: Die wilden Masitu schrecken vor nichts zurück!

Die Trommeln des Urwalds verbreiteten diese Nachricht. Das Gerücht traf auf diese Weise noch vor den Meuterern an der Küste ein und gelangte an weiße Ohren.

Die Zeitungen schrieben vom Tod Livingstones. Eine englische Redaktion sandte Reporter zur genauen Erkundung aus und wußte danach zu berichten, daß der Forscher, entgegen anderslautenden Meldungen, nicht tot wäre. Er müsse als Gefangener der wilden Masitu angesehen werden.

Schlagzeilen berichteten: Der berühmte David Livingstone, Konsul der unabhängigen Negervölker Afrikas, ist verschollen!

Immer deutlicher wurde der Begriff Verschollen herausgestellt. Und daß dies in Afrika passiert war, schien den Fall hoffnungslos zu gestalten.

Was die meuternden Neger in Afrika verbreitet hatten, gelangte auch nach Amerika und stand dort in den Blättern zu lesen. Die Zeitungen überboten sich gegenseitig in schauerlichen Übertreibungen und malten die schlimmen Vorgänge bis ins einzelne aus.

So gelangte die Nachricht zu James Gordon Bennett, dem Juniorchef der weitverbreiteten Zeitung „New York Herald". Er hatte zweierlei Gründe, der Sache nachzugehen.

Einmal war sein Vater, der millionenschwere J. G. Bennett, gebürtiger Schotte und damit ein Landsmann David Livingstones. Zum anderen versprach er sich einen geschäftlichen Erfolg, wenn seine Zeitung als erste über den toten oder noch lebenden Forscher einen Tatsachenbericht bringen könnte. Geld spielte bei dem Zeitungsmillionär keine Rolle.

Der reiche Bennett hatte eine Idee. Sein fähiger Chefreporter Henry Morton Stanley war ein Allerweltskerl, weitgereist als Kriegs- und Auslandsberichterstatter, ein wahrer Tausendsassa. Die kaum noch zu erhoffende Sensation wäre da, wenn es ihm gelänge, Livingstone im afrikanischen Urwald tot oder lebendig aufzufinden. So oder so versprach die Sache einen Knüller. Bennett war viel zu sehr Zeitungsmann, um einen Knüller zu übergehen.

Stanley würde den Fall schon meistern. Auf ihn war Verlaß. Man konnte sich die Suchexpedition in den Händen dieses Mannes schon etwas kosten lassen.

Bennett bestellte seinen Reporter telegraphisch zu einer Aussprache. Stanley aber war, entgegen der Vermutung seines Millionenchefs, zuerst gar nicht so begeistert von der Sache. Afrika war groß und verrufener als der berüchtigte Wilde Westen.

Gewiß, es konnte eine dankbare Sache sein, den weltberühmt gewordenen Forscher aus der Gefangenschaft heimzubringen. Aber die Nachrichten über die leidige Sache waren Stanley zu ungewiß. Vielleicht tauchte Livingstone plötzlich wieder an der afrikanischen Küste auf, und er fahndete nach den Spuren des Verschollenen irgendwo im Urwald und machte sich lächerlich.

Stanley war sich völlig darüber im klaren, daß ein Mißerfolg ihn seine gute Stellung als Chefreporter beim „New York Herald" kosten konnte. Andererseits reizte ihn die abenteuerliche Aufgabe. Der Auftrag mußte irgendwie durchgeführt werden, das leuchtete ihm ein.

Der Chef war sehr großzügig. Er sagte: „Nehmen Sie 1000 Pfund. Wenn die nicht reichen, nochmals 1000 – und so fort. Nur finden Sie mir Livingstone!"

Damit war Stanley entlassen. Nun nahm er besonnen und vorsichtig prüfend seine Aufgabe in Angriff. Aber gerade dadurch wurde er vor mancher Fehlspur bewahrt.

Er ging an Bord eines Schiffes und landete im Januar 1871 in Sansibar. Zuerst stattete er dem dortigen englischen Konsul einen Informationsbesuch ab.

Der Konsul war der Ansicht, Livingstone müßte

noch am Leben sein. Er glaubte den Gerüchten der Meuterer nicht.

Stanley machte sich auf die Suche nach weiteren Spuren und hörte in den folgenden Tagen sich widersprechende Berichte und Meinungen zum Fall Livingstone.

In seinem Tagebuch schrieb der amerikanische Zeitungsmann: „Achtzehn Monate sind seit der Auftragserteilung vergangen. Kein Sterblicher in Sansibar konnte mir neue Auskünfte geben. Einer hielt den Forscher für tot, der andere für verschollen. Wieder andere stellten die märchenhafte Behauptung auf, er hätte eine afrikanische Prinzessin geheiratet und hielte sich versteckt."

Endlich ergab sich eine vorläufige Richtung zur Suche. Livingstone war, als er Sansibar vor langer Zeit zur letzten Safari verließ, fest entschlossen gewesen, Udjidji am Tanganjikasee zu erreichen. Dorthin hatten ja auch auf seine Bitte die Engländer durch Araber den Nachschub geschickt. Waren die Vorräte in Anspruch genommen worden oder lagen sie noch in Udjidji? Wenn der Forscher Udjidji nicht erreicht hatte, mußte man von dort aus weiter nach Süden hin suchen. Vielleicht müßte man zum Stamm der wilden Masitu-Neger vordringen, um die Wahrheit über Livingstone herauszubekommen, irgendwie, irgendwie . . .

Stanley entschloß sich, den Vermißten zunächst in Udjidji zu suchen.

Ich bin Mr. Livingstones Diener

Die Reporter-Expedition brach am 21. März 1871 an der Ostküste auf. Stanley war zwar schon als Kriegsberichter in Abessinien gewesen, hatte aber im Unternehmen von Forschungsreisen im tropischen Afrika noch keinerlei Erfahrung. So wurde er unterwegs vor unvorhergesehene Schwierigkeiten gestellt. Es war eine harte Aufgabe, von Sansibar durch die Wildnis bis Udjidji vorzudringen. Aber der Amerikaner besaß zähe Energie. Die einmal begonnene Suche nach Livingstone wollte er unter allen Umständen durchführen.

Ende Oktober begegnete die Stanley-Expedition einer Karawane, die vom Tanganjikasee kam und zur Küste vordringen wollte. Stanley erfuhr, daß ein Weißer gerade in Udjidji eingetroffen wäre. Diese Mitteilung zündete. Der Reporter war gepackt und fragte durch Dolmetscher:

„Wie sah der Mann aus? Welche Kleidung trug er? . . ." Frage auf Frage purzelte über die erstaunten Karawanenleute herein.

Sie antworteten: „Der weiße Mann war alt und krank. Er trug weiße Haare im Gesicht."

Das konnte nur Livingstone sein. Der Zeitungsmann geriet vor Freude über diese Nachricht ganz aus dem Häuschen. So kannten die farbigen Begleiter ihren Amerika-Chef noch gar nicht.

Stanley trieb seine Leute zu höchster Eile an und stellte ihnen zugkräftige Belohnungen in Aussicht.

Mit Geld und Geschenken brauchte er ja nicht sparsam zu sein.

Aber es war nicht nur Reporterneugier, die ihn durch die Wildnis jagte und ihn keine unnütze Stunde mehr rasten ließ. Es war die Angst, den Forscher vielleicht nicht mehr in Udjidji anzutreffen.

Natürlich hatte er sich vorher genau über Livingstone erkundigt. Der englische Konsul hatte ihn als einen im Umgang nicht leicht zu nehmenden Mann geschildert mit eigenen Vorstellungen und festem Planwillen, der gute Ratschläge seiner Freunde gern als Einmischung in eigene Belange ansah und ihnen aus dem Wege ging. „Er ist nicht gerade ein Engel", meinte der Konsul lachend.

Aber er hatte dem amerikanischen Reporter auch gesagt, daß Livingstone Gottvertrauen besaß und sicherlich nicht gern für eine weltweite Veröffentlichung oder für eine Tatsachenberichtsfolge zu haben wäre.

Nun war Stanley besorgt, daß die Trommeln sein Nahen zu früh bekanntmachten und Livingstone so erfahren könnte, daß er gesucht wird. Dann würde er vielleicht in den Urwald fliehen und sich verstecken! Man mußte in Eilmärschen dem Trommeltelegraphen zuvorkommen.

Zuletzt zog der Amerikaner auch nachts weiter. Auf diese Weise umging er etwaige lange Tributverhandlungen mit Häuptlingen, deren Gebiet er durchqueren mußte.

Am 28. Oktober stand er auf einem Berg über dem in strahlendem Sonnenschein silberflimmernden Tanganjikasee – eines der erhebendsten Erlebnisse seiner ganzen Reise. Er berichtet:

„Am nächsten Tag erhoben wir uns in der Morgendämmerung. Wir packten die besten Kleidungsstücke aus, um in Udjidji so zivilisiert wie möglich aufzutreten.

Mein Tropenhelm wurde gründlich mit Kreide geweißt. Dann wurden meine Schuhe geölt und ein weißes Hemd und weiße Tücher hervorgeholt. So hätte ich in Bombay spazierengehen können. Dann traten wir den Abstieg an. In ein paar Minuten würden wir an Ort und Stelle sein, dort, wo wir den vermuten, den wir suchen.

Unser Schicksal wird sich in wenigen Minuten entscheiden. In Udjidji weiß noch niemand, daß wir kommen. Wir werden sie alle überraschen.

Wir sind jetzt nur noch anderthalb Kilometer entfernt. Nun können wir unsere Ankunft ankündigen.

‚Feuern!' ertönt mein Ruf die Reihe der Helfer entlang. Sie stopfen die Flinten halb voll und drükken ab. Die Ladestöcke befördern neue Ladungen in die Läufe. Salve auf Salve donnert. Lustig flattert die amerikanische Fahne im Afrikawind. Niemals erschien mir das Sternenbanner so schön wie hier in der lauen Brise, die vom See herüberbläst.

Aufgeregt kommen Araber herangestürzt. Alle wollen mich begrüßen. Aber ich habe weder Geduld noch Zeit. Wo ist Livingstone? Ist er vor uns geflohen?

Da stößt mich ein schwarzer Mann an und sagt auf englisch: ‚Guten Tag, Sir!'

‚Hallo, Mann, wer bist du?' frage ich zurück.

‚Ich bin Mister Livingstones Diener', antwortet er und rennt davon, bevor ich auch nur ein Wort heraus habe.

Plötzlich sind wir von Hunderten von Menschen umgeben. Im Triumphzug geleiten sie uns ins Dorf.

Henry Morton Stanley (1841–1904) unternahm 1871/72 im Auftrag J. G. Bennetts vom „New York Herald“ eine Reise nach Ostafrika, um den verschollenen Livingstone aufzufinden

Am 28. 10. 1871 traf Stanley von Sansibar aus in Udjidji mit Livingstone zusammen

Da gewahre ich unter einer Gruppe vornehmer Araber das Gesicht eines alten weißen Mannes. Er trägt eine Mütze mit goldener Kordel, eine kurze Jacke aus rotem Tuch und dunkle Hosen.

Ich reiche ihm die Hand. Wir nehmen zur Begrüßung die Kopfbedeckung ab, und ich sage: ‚Vermutlich Dr. Livingstone?'

Und er sagt: ‚Ja.'"

Die Welt horcht auf

Es dauerte immerhin acht Monate, bis dieser Sensationsbericht die Redaktion vom „New York Herald" erreichte. James Gordon Bennett war außer sich vor Freude, daß Stanleys Aktion von Erfolg gekrönt war. Der Ruhm des englischen Missionars und Forschers ging nun um die ganze Welt. Und damit auch der Ruhm von Stanley.

Zwischen dem tatkräftigen jungen Reporter mit seiner ungezwungenen amerikanischen Heiterkeit und dem erfahrenen Forschermissionar entwickelte sich in Udjidji bald eine echte Freundschaft. Stanley war beeindruckt von Livingstones unbändigem Forschergeist und seiner Liebe zu Afrika.

„Vier Monate und vier Tage teilte ich mit ihm seine Hütte, Boot und Zelt", schrieb Stanley. „Jeder Tag, den ich bei ihm zubrachte, erhöhte meine Bewunderung für ihn."

Aber das schönste Zeugnis gab er über Livingstones ganz natürliches Glaubensleben: „Sein Christentum ist durch und durch praktisch und zeigte sich bei jeder Gelegenheit in der einfachsten und ungesuchtesten Weise: Es bestimmte sein Verhalten gegen seine Helfer, gegen die Eingeborenen, gegen alle, die mit ihm in Berührung kamen. Ohne den christlichen Glauben wäre er mit seinem feurigen Temperament, seinem energischen Mut, seinem gewaltigen Geist vielfach ein harter Gebieter geworden, aber sein christlicher Sinn hat alle Ecken und Kanten abgeschliffen."

Der kranke Forscher hatte nun, was er an Verpflegung und Arznei so lange entbehrte. Überraschend schnell erholte er sich. Die Freude über Stanleys Eintreffen und über die vielen Briefe von zu Hause trug dazu bei, daß der alte Mann sichtlich auflebte. Bereits nach wenigen Wochen konnte er mit dem Reporter zu einer Erkundungsfahrt aufbrechen und den nördlichen Teil des Tanganjikasees erforschen.

Darauf versuchte Stanley, den gealterten Forscher zur Rückkehr nach England zu bewegen. Doch Livingstone wollte zuerst die ihm von Gott gegebene Aufgabe vollenden.

„Ich würde sehr gern nach Hause fahren", schreibt er, „um meine Kinder noch einmal zu sehen. Aber ich bringe es nicht fertig, meine Aufgabe jetzt, wo sie fast gelöst ist, im Stich zu lassen."

Livingstone war überzeugt, daß er nur noch wenige Monate braucht, bis er die Nilquellen festgestellt hat. Vorher wollte er nicht nach Europa zurück.

Nach wie vor aber blieb er bei seiner Hauptaufgabe, das Dunkel über dem Schwarzen Erdteil zu erhellen. Er wollte der Unmenschlichkeit der Sklaverei entgegentreten und Wege ausfindig machen, auf denen Missionare und Ärzte in das tiefverwundete Herz Afrikas gelangen und geordnete Handelsverbindungen entstehen könnten. „Die Nilquellen betrachte ich nur als Mittel", schrieb er. „Dadurch habe ich Gelegenheit, meinen Mund vor den Menschen mit Macht zu öffnen."

Ein Brief an seine Tochter Agnes zeigt, wie vordringlich ihm die Abschaffung der Sklaverei war: „Niemand vermag zu schätzen, was für ein Gott wohlgefälliges Werk der vollbringt, der diesem schrecklichen Sklavenhandel ein Ende macht. Das wird etwas sein, wofür es wert war zu leben, und die Überzeugung, daß ich bloß zu diesem Zweck so lange erhalten blieb, drängt sich mir oft auf."

An seinem vorletzten Geburtstag schrieb der Missionar in sein Tagebuch: „Jesus, mein König, mein Leben, mein alles! Wieder übergebe ich Dir mein ganzes Selbst. Nimm mich hin und gib, daß, ehe dieses Jahr vorübergegangen, ich meine Aufgabe vollendet habe!"

Ehe das Jahr vorübergegangen ... Ahnte der Forscher etwas vom Ratschluß Gottes über sein Leben?

Während draußen die Welt Lobeshymnen und Siegerkränze für Livingstone und Stanley bereithielt, bekräftigte im Innern Afrikas ein Missionar sein Treuegelübde und stand fest zu seiner Berufung, Licht ins Dunkel zu tragen, ein Feuer im Schwarzen Erdteil anzuzünden in den Herzen der Menschen, die nichts vom lebendigen Gott wußten.

Ein heldenmütiger Entschluß

Alles, was Stanley in seiner Sorge um die Gesundheit des väterlichen Freundes erreichen konnte, war, daß Livingstone sich ihm anschloß, als er zur Küste nach Sansibar zurückkehrte.

Auf halbem Weg war in Unjanjembe bei Tabora Stanleys Nachschublager, wo Livingstone seine Vorräte auffüllen konnte. Hier bemühte sich der Zeitungsmann noch einmal mit aller Herzlichkeit, den Freund zur Rückkehr in die Heimat zu überreden. Vergeblich!

So trennten sich zwei mutige Männer Mitte März 1872. Der junge, erfolgreiche Reporter fuhr von Sansibar aus mit dem Schiff nach Europa. Der englische Forschermissionar aber blieb in Afrika.

Als die von Stanley gesandte Nachschubkarawane eingetroffen war, brach Livingstone am 25. August in Unjanjembe auf und zog am Südteil des Tanganjika vorbei zum Bangweolosee.

Anfangs ging alles gut. Aber bald spürte der vorwärtsdrängende Entdecker, daß er sich doch zuviel zugemutet hatte; seine Kräfte nahmen zusehends ab.

Immer wieder griff der Forscher, den ein neuer Fieberanfall gepackt hatte, nach den vergilbten Blättern seiner Bibel, die in Sumpf und Hitze zu einzelnen Seiten zerfallen war und längst keinen festen Einband mehr besaß. Livingstones Bibel war zerlesen und durch täglichen Gebrauch zerblättert. Aber der kranke Missionar schöpfte aus diesen fliegenden Blättern der Heiligen Schrift unerschütterlichen Mut und tiefen

Trost in allen Lagen seines abenteuerlichen Lebens im Dienst der größten Berufung.

Die Regenzeit hatte eingesetzt, als Livingstone in das große Sumpfgebiet am Bangweolosee kam. Die Expedition marschierte in strömendem Regen. Der Forscher litt am Sumpffieber und wurde immer schwächer. Durch die angeschwollenen Flüsse konnte er nicht mehr waten und wurde von seinen Begleitern auf den Schultern getragen.

Dennoch blickte er nach vorn. Er wollte sein Forschungsziel unbedingt erreichen: die Entdeckung der Nilquellen.

„Hätte ich alle Strapazen vorausgesehen", schrieb er, „ich wäre nicht in den Sumpf gegangen und hätte die Nilquellen ruhig nach Ägypten fließen lassen. Nun werde ich aber dieses Land und seine Bewohner der Welt bekanntmachen. Jesus sammelt alles um sich. Für Afrika muß Sein Tag noch kommen."

Dem monatelangen Marsch durch die Sümpfe war der Forscher nicht mehr gewachsen. Zum Fieber trat noch die Ruhr, die seine letzte Kraft verzehrte.

Am 21. April versuchte er, auf einem Esel weiterzureiten. Aber nach einer kurzen Strecke sank er erschöpft zu Boden. Von da ab wurde er nur noch auf einer Bahre getragen, hatte aber so starke Schmerzen, daß er seinen Helfern von Zeit zu Zeit gebot, einen Augenblick haltzumachen.

Am 27. April schrieb er zum letztenmal ins Tagebuch: „Ganz erschöpft – bleibe hier, um gesund zu werden."

Aber dazu war es zu spät. Zwei Tage darauf durchquerte der Todkranke auf der Bahre noch einen Fluß, mehrere Sümpfe und flache Gewässer, bis er beim Negerdorf Ilala auf eine trockene Ebene kam. Hier setzten seine Helfer die Trage während des dauernden Regens unter einen Regenschutz und errichteten eine notdürftige Hütte. Danach legten sie den Kranken auf sein Grasbett.

Am nächsten Morgen besuchte ihn der Häuptling. Livingstone aber war zu schwach, sich mit ihm zu unterhalten, und bat ihn, tags darauf wiederzukommen.

In der Nacht wachte ein junger Schwarzer bei dem Schwerkranken. Gegen 4 Uhr morgens war der Junge beunruhigt und weckte die anderen Helfer.

Als sie zur Hütte kamen, sahen sie im matten Kerzenschein Livingstone vor seinem Krankenlager auf den Knien. Sein Kopf lag in den Händen.

Sie warteten, denn sie dachten, er betet.

Aber sein Gebet auf dieser Erde war zu Ende – er atmete nicht mehr, sein Herz war stehengeblieben.

Als die Getreuen das merkten, besprachen sie, was sie tun wollten. Sie faßten einen heldenmütigen Entschluß: Den Leichnam ihres geliebten weißen Missionars wollten sie quer durch Afrika und alle feindlichen Stämme zur Küste und von dort aus nach England bringen.

Sie balsamierten den Leichnam nach alten Stammesrezepten und wickelten ihn in Tücher. Dann trugen ihn die treuen Gefährten viele, viele Hunderte Kilometer durch Urwald, Steppe und Busch zur Küste. Diese gewagte Tat, die in der Entdeckungsgeschichte Afrikas einzig dasteht, war eine Frucht der Liebe, die Livingstone seinen Begleitern zeitlebens entgegenbrachte.

Der Klügste der Schwarzen, der die Karawane anführte, begleitete die Leiche auf der Schiffsreise bis nach England.

In der Westminster-Abtei, der berühmten Londoner Kirche, wurde Livingstone beigesetzt. Damit erwiesen das englische Volk und die Regierung dem Toten die letzte Ehre.

Die Inschrift auf seinem Grabstein lautet:

„Von treuen Händen über Land und Meer gebracht, ruht hier David Livingstone, der Missionar, der Reisende, der Menschenfreund, geboren am 19. März 1813 in Blantyre, Lanarkshire, gestorben am 1. Mai 1873 bei Ilala, dem Dorf Tschitambos.

Dreißig Jahre lang war sein Leben in unermüdlicher Anstrengung der Evangelisierung der eingeborenen Stämme, der Erforschung unentdeckter Länder, der Bekämpfung des ruchlosen Sklavenhandels in Innerafrika gewidmet."

Dann folgen die Worte, die Livingstone einmal über den Sklavenhandel schrieb:

„Möge des Himmels reichster Segen auf jeden herabkommen, der diese offene Wunde der Welt heilen hilft."

Und darunter steht das Wort aus dem Johannesevangelium:

„Ich habe noch andere Schafe, die sind nicht aus diesem Stalle; und auch diese muß Ich herführen, und sie werden Meine Stimme hören."

Diesem Wort Jesu folgte David Livingstone und ging als Missionar nach Afrika, um die frohe Botschaft der Erlösung zu verkündigen. Sein Leben diente dazu, das Licht und die Liebe Gottes in den dunklen Erdteil zu bringen. Was hatte er doch selbst an seinem vorletzten Geburtstag ins Tagebuch geschrieben?

„Jesus, mein König, mein Leben, mein alles! Wieder übergebe ich Dir mein ganzes Selbst. Nimm mich hin und gib, daß, ehe dieses Jahr vorübergegangen, ich meine Aufgabe vollendet habe!"